KB267602

노하우
도서출판

레벨 업을 위한 필수 코스

기타 모드 스케일

최이진 지음

기타 모드 스케일

개정판 발행 2025년 9월 24일

지은이 최이진

펴낸곳 도서출판 노하우
기획 현음뮤직
진행 노하우
편집 덕디자인

주소 서울시 관악구 행운동 100-339
전화 02)888-0991
팩스 02)871-0995

등록번호 제320-2008-6호
홈페이지 hyuneum.com

ISBN 978-89-94404-63-9

값 22,000원

Thanks to readers
Guitar Mode Scale

인생을 바꾸는 한 권의 서적!

멀티 출판 부문 1위!
독자 여러분! 고맙습니다.

세상을 살다 보면
차라리 죽고만 싶을 만큼
힘들고, 괴로울 때가 있습니다.

하지만, 누가 봐도
힘들고, 괴로워 보이는 사람들은
오히려 그 속에서 피와 땀을 흘려가며
가슴속 깊이 전해지는 감동을 만들어냅니다.

도서출판 노하우는
힘들게 공부하는 사람들과
함께하는 작은 디딤돌이 되겠습니다.

힘들고, 괴로울 때
내가 세상의 빛이 될 수 있다는
꿈과 희망을 품고 열심히 공부하세요
멈추지 않는다면, 꿈은 반드시 이루어집니다.

그 곁에 도서출판 노하우가 함께 하겠습니다

고맙습니다.

CONTENTS

Guitar Mode Scale

<시범 연주 영상 보기>

본서의 연습 악보는 시범 연주 영상을 제공하고 있으며, 유튜브 채널 및 스마트폰으로 QR 코드를 스캔하여 볼 수 있습니다.

연습 악보에 표시되어 있는 QR 코드를 스캔하여 연주 영상을 보려면 스마트폰에서 제공하는 QR 코드 스캔 또는 앱 스토어에서 다운 받아 설치한 어플이 있어야 합니다.

① 앱 스토어를 실행하여 QR 코드를 검색합니다. 아무거나 설치해도 좋지만, 이왕이면 다운로드 수가 많고 평가가 좋은 것을 선택합니다.

② 기본 어플 또는 사용자가 설치한 QR 코드 어플을 실행하고, 악보에 표시되어 있는 바코드를 카메라로 인식시키면 시범 연주 영상을 스마트폰으로 볼 수 있습니다.

③ PC에서 볼 때는 유튜브에서 최이진을 검색합니다.

※ 시범 연주는 기타를 오디오 인터페이스에 다이렉트로 연결하여 큐베이스로 녹음한 것이며, 이펙트는 Native-Instruments사의 Guitar Rig을 사용하였습니다.

▲ native-instruments.com

0

모드 이야기

모드 이야기

18세기 이전, 조성 음악(tonal music)이 본격적으로 확립되기 전까지는 중세·르네상스 시대의 교회 음악에서 유래한 선법(Mode)이 주로 사용되었다. 이를 교회 선법(Church Mode)이라고도 부르지만, 보통은 간단히 '모드' 라고 한다. 대표적인 모드에는 아이오니언(Ionian), 도리언(Dorian), 프리지언(Phrygian), 리디언(Lydian), 믹소리디언(Mixolydian), 에올리언(Aeolian), 로크리언(Locrian)의 7가지가 있다. 이후 바로크 시대를 거치며 장·단조 조성 체계가 자리 잡으면서, 아이오니언과 에올리언이 각각 메이저 스케일과 자연 단음계의 형태로 현재까지 사용되고 있다.

비록 서양 클래식의 주류에서는 모드 사용이 줄었지만, 모드는 여전히 재즈, 현대음악, 민속음악, 영화음악 등에서 중요한 역할을 하고 있다. 음악가들이 일정 수준 이상 실력을 갖추면 모드를 학습하는 이유는 메이저·마이너 스케일만으로는 표현할 수 없는 색채와 새로운 선율 아이디어를 얻을 수 있기 때문이다.

재즈에 대해 "스케일에 얽매이지 않고 자유롭게 연주한다" 는 말이 종종 나오지만, 초보자에게 막연히 "마음대로 해" 라고 하는 것은 실질적인 도움이 되지 않는다. 실제로 많은 재즈 연주는 모드를 기반으로 하고 있으며, 이를 체계적으로 이해하는 것이 자유로운 즉흥 연주의 기초가 된다.

모드가 메이저·마이너 스케일처럼 손에 익으면, 연주자는 한층 다채롭고 세련된 표현이 가능해진다. 특히 기타 연습생들은 스케일 패턴을 시각적으로 익히기 용이해, 다른 악기에 비해 모드 학습에서 유리한 측면이 있다.

메이저 스케일을 기준으로 한 모드의 정리는 다음과 같다.
① 아이오니언(Ionian) : 현재의 메이저 스케일.
② 도리언(Dorian) : 메이저 스케일의 2음에서 시작, 장 6도를 가진 단음계.
③ 프리지언(Phrygian) : 3음에서 시작, 단 2도를 가진 단음계.
④ 리디언(Lydian) : 4음에서 시작, 증 4도를 가진 장음계.
⑤ 믹소리디언(Mixolydian) : 5음에서 시작, 단 7도를 가진 장음계.
⑥ 에올리언(Aeolian) : 6음에서 시작, 현재의 자연 단음계.
⑦ 로크리언(Locrian) : 7음에서 시작, 감 5도를 가진 단음계.

아이오니언 스케일

스케일은 음과 음 사이의 간격 배열을 지칭하는 말이다.

아이오니언(Ionian) 스케일은 현대 팝 음악을 포함한 대다수 서양 음악에서 사용되는 메이저 스케일과 동일하며, 3음과 4음, 7음과 8음 사이가 반음 간격으로 배열되어 있다. 중세·르네상스 시기의 아이오니언 선법에서는 현대 장조 음악처럼 V7 코드를 사용한 강한 도미넌트 모션이 거의 나타나지 않았고, 대신 V7sus4 코드나 변격 종지가 주로 활용되었다.

▶ 스케일

아이오니언 스케일은 3음과 4음, 7음과 8음이 반음 간격인 메이저 스케일과 동일하다. 단, 메이저 스케일에서 토닉 코드 위에서는 불협화음이 되기 쉬워 어보이드 노트(Avoid Note)로 취급되는 4음이, 아이오니언 모드에서는 오히려 그 스케일의 색채를 살리는 캐릭터 노트(Character Note)로 적극 활용된다.

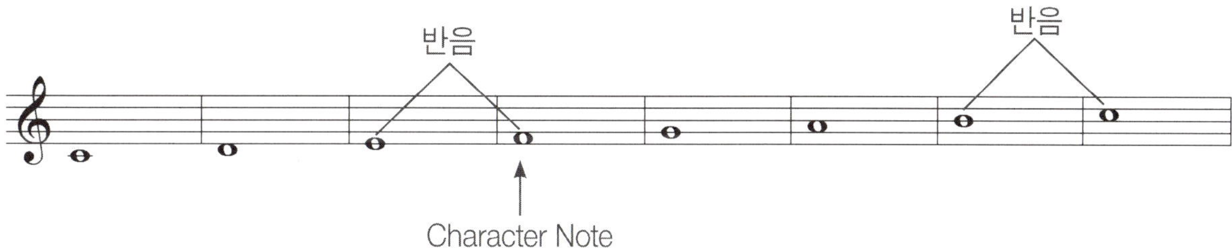

▶ 코드

4음이 아이오니언 스케일의 색깔을 나타내는 캐릭터 노트이기 때문에, 이 음을 포함하는 II도와 IV도 화음은 아이오니언 모드의 특색을 잘 드러내는 캐릭터 코드가 된다. 또한, I도 3화음인 C메이저는 4음이 추가된 Csus4 코드로 변형하여 사용할 수 있다. 모드 음악에서는 전통적인 도미넌트 모션이 배제되므로, 강한 해결감을 요구하는 V7화음과 VII도 코드는 사용되지 않는 경우가 많다. 대신에, G7sus4 같은 서스펜디드 도미넌트 코드나, 서브 도미넌트 계열인 II도 및 IV도 코드에서 토닉(I)으로 진행하는 변격 종지가 주로 활용된다.

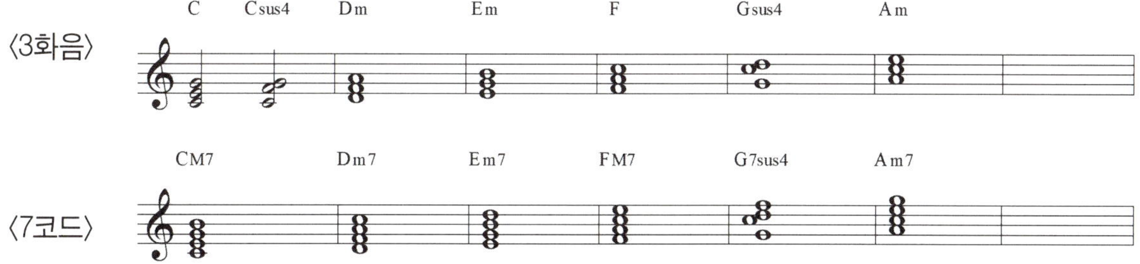

도리언 스케일

도리언 스케일은 메이저 스케일의 2음(레)부터 시작하는 음 배열과 동일하다. 이 모드의 캐릭터 노트는 6음으로, 이는 재즈 코드에서 텐션 13에 해당한다. 따라서 도리언 모드는 재즈에서 6(13) 코드로 자주 활용된다.

▶ 스케일

C 메이저 스케일의 2음(레)부터 시작하여 음을 나열하면, 2음과 3음, 그리고 6음과 7음 사이가 반음 간격이 된다. 같은 간격을 기준음(도)부터 나열하면, 3음과 7음이 반음 내려가 있으며, 기준음이 스케일 이름이 되므로 이를 C 도리언 스케일이라고 한다. 도리언 스케일의 색깔을 나타내는 캐릭터 노트는 6음(라)이다.

〈C 메이저 스케일의 2음열〉

〈C 도리언 스케일〉

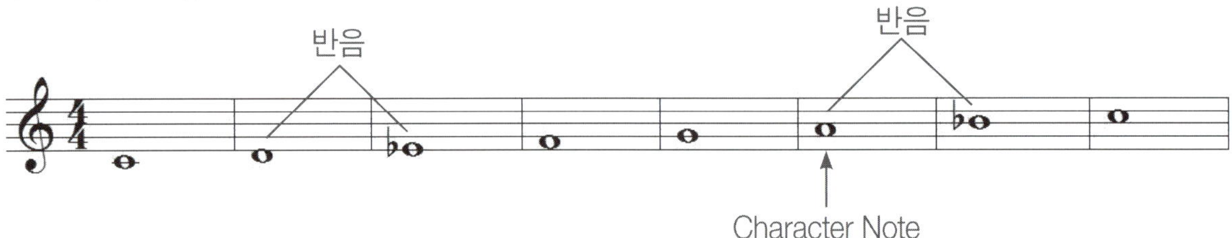

▶ 코드

도리언 스케일의 색깔을 나타내는 캐릭터 노트는 6음(라)이기 때문에, IV도 화음인 F 코드는 Fsus4 형태로 사용할 수 있다. 또한, 도리언 모드에서는 전통적인 도미넌트 모션이 배제되므로, V도 코드인 G7 대신에 Gm7이 주로 사용되며, VI도 코드는 일반적으로 사용되지 않는다. IV도에 7화음인 F7은 보통 BbM7으로 진행하지 않는 조건부 코드로 간주된다.

프리지언 스케일

프리지언 스케일은 메이저 스케일의 3음(미)부터 시작하는 음 배열과 같다.
이 모드의 캐릭터 노트는 2음(레)로, 특유의 어두운 분위기를 만든다. 여기에 장3음(#3, 미#)을 추가하면 스패니시 모드(Spanish Mode)가 되며, 이는 특히 스페인 음악에서 많이 활용된다.

▶ 스케일

C 메이저 스케일의 3음(미)부터 시작하여 음을 나열하면, 1음과 2음, 그리고 5음과 6음 사이가 반음 간격이 된다. 같은 간격을 기준음(도)부터 나열하면, 2음, 3음, 6음, 7음이 반음 내려가(플랫) 있으며, 기준음이 스케일 이름이 되므로 이를 C 프리지언 스케일이라고 한다. 프리지언 스케일의 색깔을 나타내는 캐릭터 노트는 2음(레♭)이다.

〈C 메이저 스케일의 3음열〉

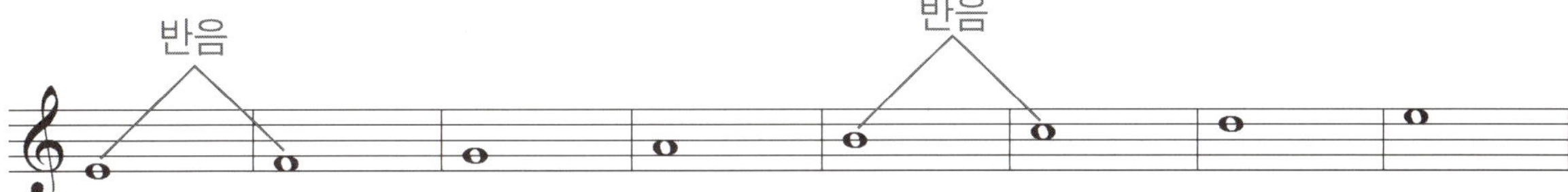

〈C 프리지언 스케일〉

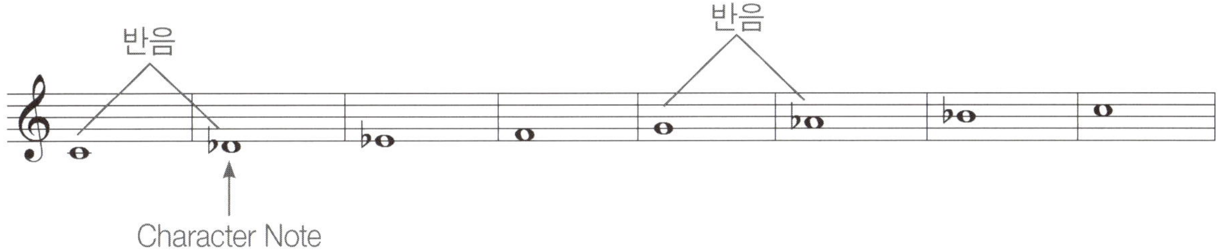

▶ 코드

프리지언 스케일은 캐릭터 노트가 2음(레♭)인 단조 계열의 모드이지만, 간혹 I도 코드(C)에서 3음을 올려 F나 Fm으로의 전조(조바꿈)로 연결되는 C7 코드를 사용하기도 한다. 모드 음악에서는 전통적인 도미넌트 모션이 배제되므로, II도와 VII도 코드는 사용되지만, V도 코드는 일반적으로 사용되지 않는다. 또한, III도인 Eb7은 VI도인 AbM7으로 진행하지 않는 조건부 코드로 간주된다.

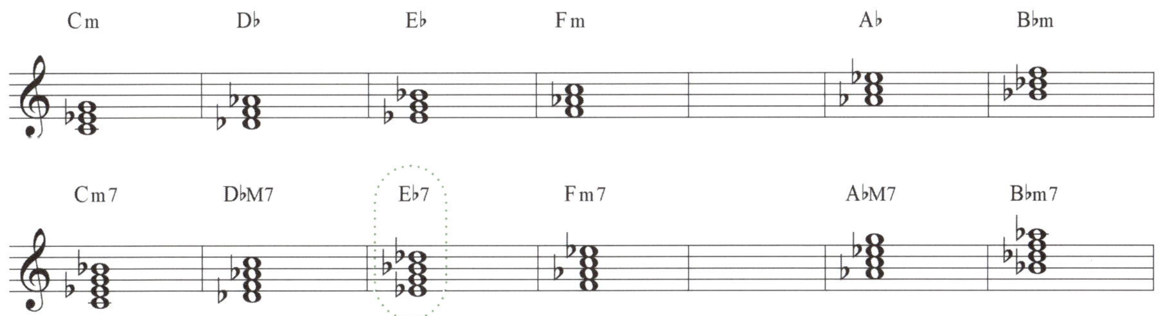

리디언 스케일

리디언 스케일은 메이저 스케일의 4음(파)부터 시작하는 음 배열과 같다. 이 모드의 캐릭터 노트는 4음(파#)으로, I도 화음에서 #11으로 활용되어 리디언 특유의 밝고 개방적인 색깔을 만들어낸다.

▶ 스케일

C 메이저 스케일의 4음(파)부터 시작하여 음을 나열하면, 4음과 5음, 그리고 7음과 8음 사이가 반음 간격이 된다. 같은 간격을 기준음(도)부터 나열하면, 4음이 샵(#)으로 올라가며, 기준음이 스케일 이름이 되므로 이를 C 리디언 스케일이라고 한다. 리디언 스케일의 색깔을 나타내는 캐릭터 노트는 4음(파#)이다.

〈C 메이저 스케일의 4음열〉

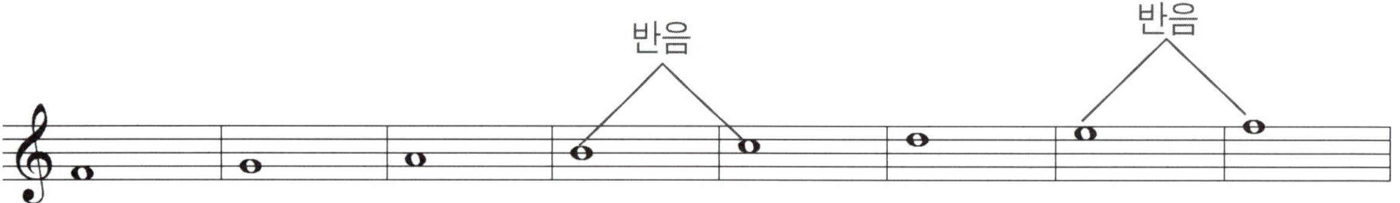

〈C 리디언 스케일〉

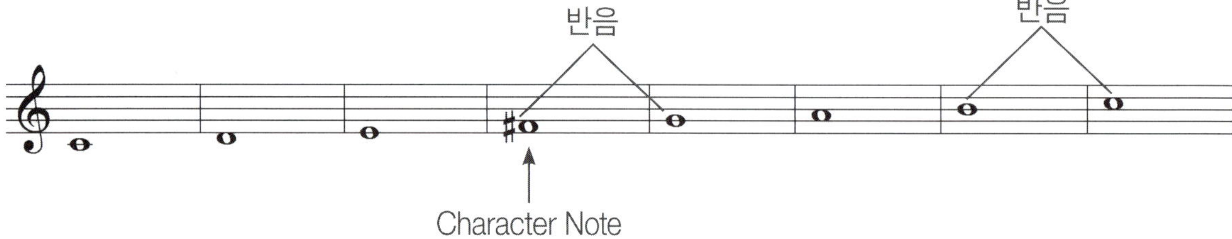

▶ 코드

리디언 스케일의 색깔을 나타내는 캐릭터 노트인 4음(파#)은 I도 코드에서 #11 텐션으로 활용된다. 모드에서는 전통적인 도미넌트 모션이 배제되므로, 종지에서는 VII도 코드가 대신 사용되며, 해결이 필요한 IV도 코드는 일반적으로 사용되지 않는다. 또한, D7 코드는 GM7으로 진행하지 않는 조건부 코드로 간주된다.

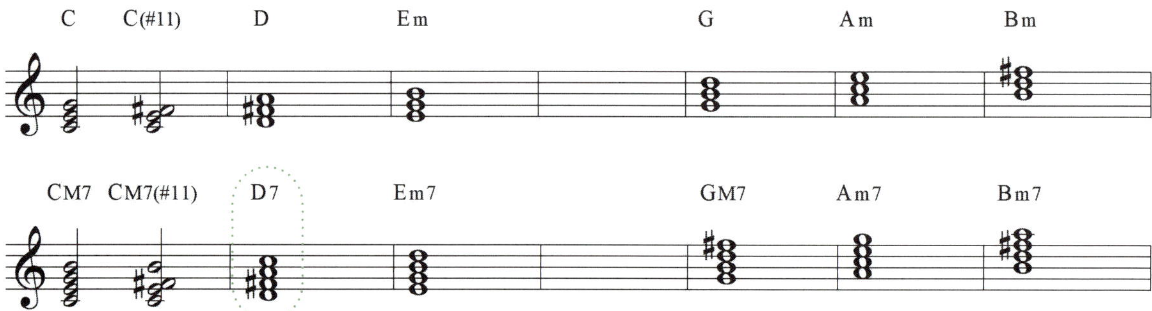

0-5 믹소리디언 스케일

믹소리디언 스케일은 메이저 스케일의 5음(솔)부터 시작하는 음 배열과 동일하다.
이 모드의 캐릭터 노트는 7음(시♭)으로, 전통적인 리딩 톤(반음 위음)이 없어 V7 코드가 성립되지 않는다. 대신에, Vm이나 bVII 코드가 종지형으로 자주 사용된다.

▶ 스케일

C 메이저 스케일의 5음(솔)부터 시작하여 음을 나열하면, 3음과 4음, 그리고 6음과 7음 사이가 반음 간격이 된다. 같은 간격을 기준음(도)부터 나열하면, 7음이 플랫(♭) 처리되며, 기준음이 스케일 이름이 되므로 이를 C 믹소리디언 스케일이라고 한다. 믹소리디언 스케일의 색깔을 나타내는 캐릭터 노트는 7음(시♭)이다.

〈C 메이저 스케일의 5음열〉

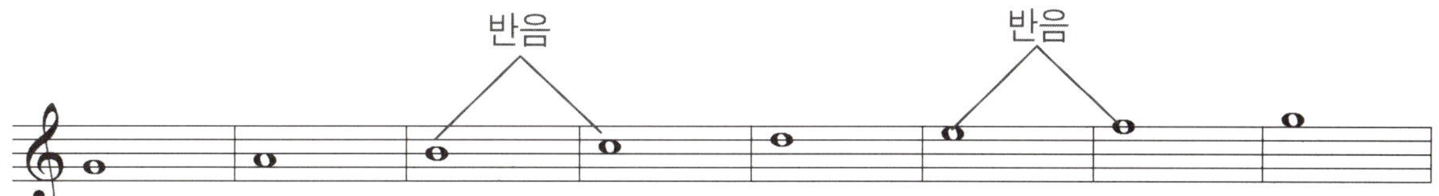

〈C 믹소리디언 스케일〉

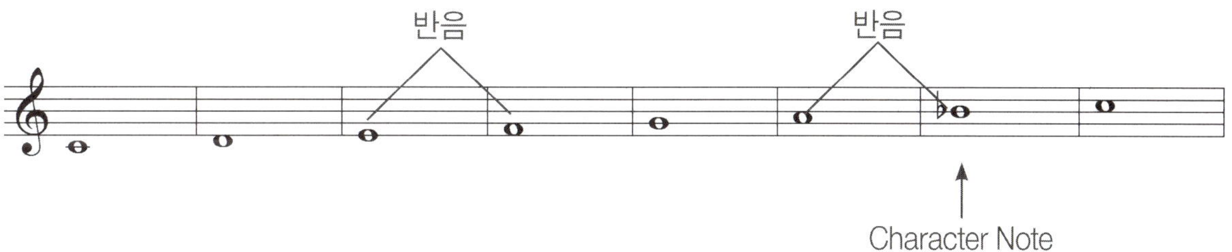

▶ 코드

믹소리디언 스케일의 색깔을 나타내는 캐릭터 노트인 7음(시♭) 때문에, I도 7화음은 C7이 된다. 이 코드가 블루스 사운드로 발전했지만, 모드에서는 변형된 sus4 코드를 사용하는 경우가 많다. 또한, 모드에서는 전통적인 도미넌트 모션이 배제되지 않아, V도와 VII도 코드는 그대로 사용되며, III도 코드는 일반적으로 사용되지 않는다.

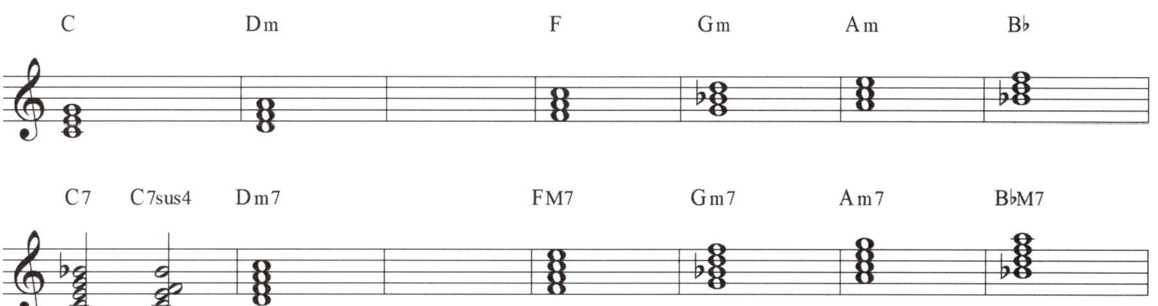

에올리언 스케일

에올리언 스케일은 메이저 스케일의 6음(라)부터 시작하는 음 배열과 동일하며, 현재 팝 음악에서 널리 사용되는 네추럴 마이너 스케일의 모태가 된다. 이 모드의 캐릭터 노트는 6음(파)이다.

▶ 스케일

C 메이저 스케일의 6음(라)부터 시작하여 음을 나열하면, 2음과 3음, 그리고 5음과 6음 사이가 반음 간격이 된다. 같은 간격을 기준음(도)부터 나열하면, 3음, 6음, 7음이 플랫(♭) 처리된 네추럴 마이너 스케일이 되며, 기준음이 스케일 이름이 되어 C 에올리언 스케일이라고 한다. 에올리언 스케일의 색깔을 나타내는 캐릭터 노트는 6음(라♭)이다.

〈C 메이저 스케일의 6음열〉

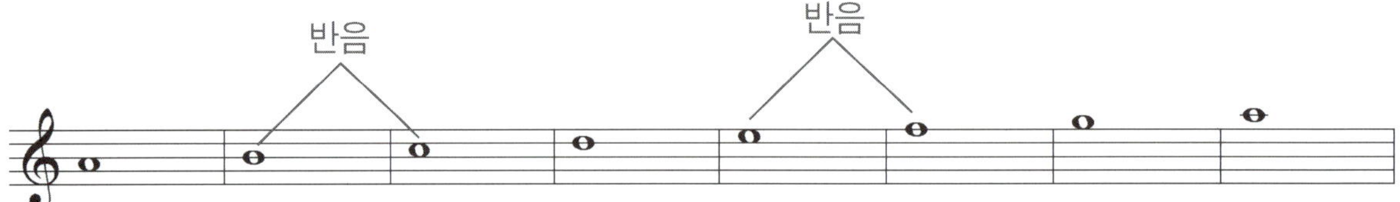

〈C 에올리언 스케일〉

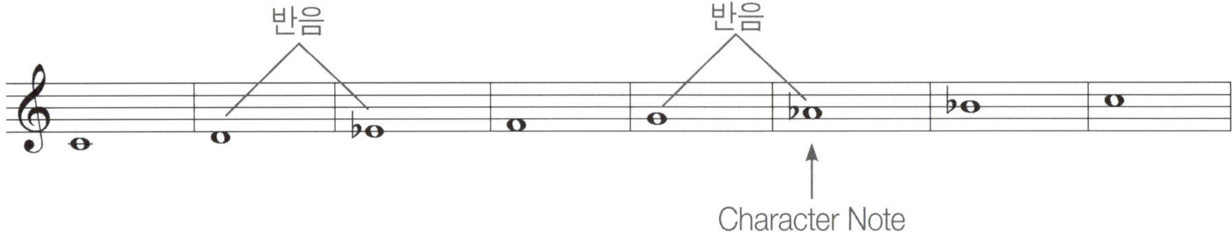

▶ 코드

6음은 에올리언 스케일의 색깔을 나타내는 캐릭터 노트로, 네추럴 마이너 스케일에 해당한다. 모드에서는 도미넌트 모션이 배제되므로, V도와 VII도 코드는 그대로 사용되나, II도 코드는 일반적으로 사용되지 않는다. 또한, VII도 7화음인 Bb7은 EbM7으로 진행하지 않는 조건부 코드로 간주된다.

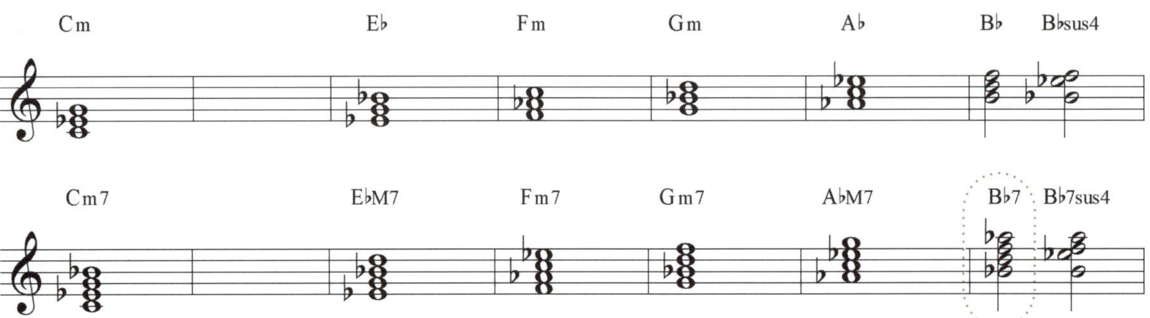

로크리언 스케일

로크리언 스케일은 메이저 스케일의 7음(시)부터 시작하는 음 배열과 같다.
이 모드의 캐릭터 노트는 5음(솔♭)이며, I도 화음은 Cm-5가 되어 단독으로 사용되지는 않는다.

▶ 스케일

C 메이저 스케일의 7음(시)부터 나열하면 1음과 2음, 그리고 4음과 5음 사이가 반음 간격이다. 같은 간격을 기준음(도)부터 나열하면 2음, 3음, 5음, 6음, 7음이 플랫(♭) 처리되며, 기준음이 스케일 이름이 되어 C 로크리언 스케일이 된다. 로크리언 스케일의 색깔을 나타내는 캐릭터 노트는 5음(솔♭)이다.

〈C 메이저 스케일의 7음열〉

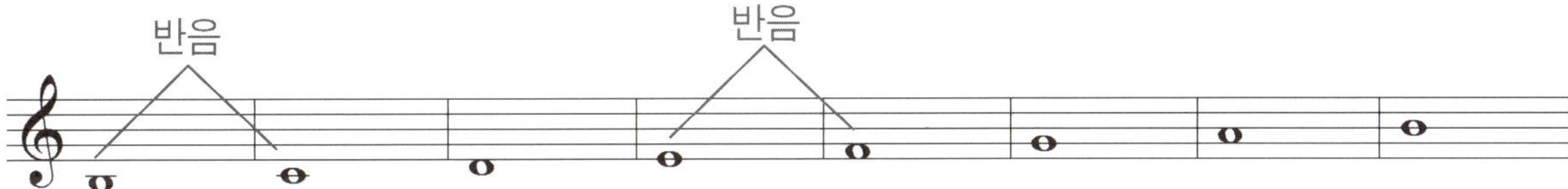

〈C 로크리언 스케일〉

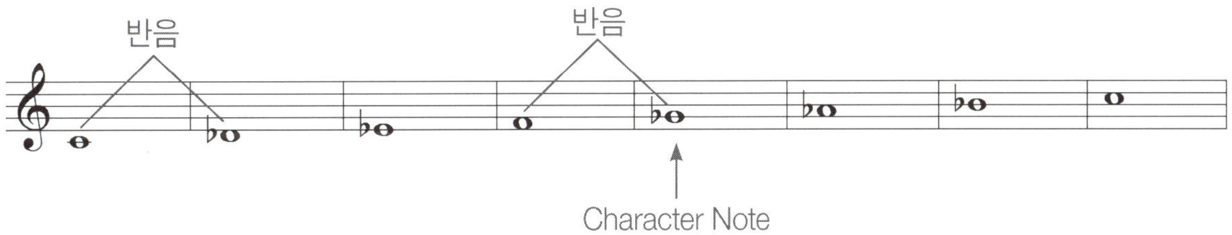

▶ 코드

5음(솔♭)은 로크리언 스케일의 색깔을 나타내는 캐릭터 노트로, 이로 인해 I도 화음은 Cm-5라는 특수한 성격을 갖게 되어 단독 사용되지는 않는다. 따라서 로크리언 모드의 전통적인 코드 진행은 성립하지 않지만, 각 코드가 개별적으로 차용되어 다양한 기법으로 활용되므로, 오히려 더 폭넓은 가능성을 지닌 모드이다.

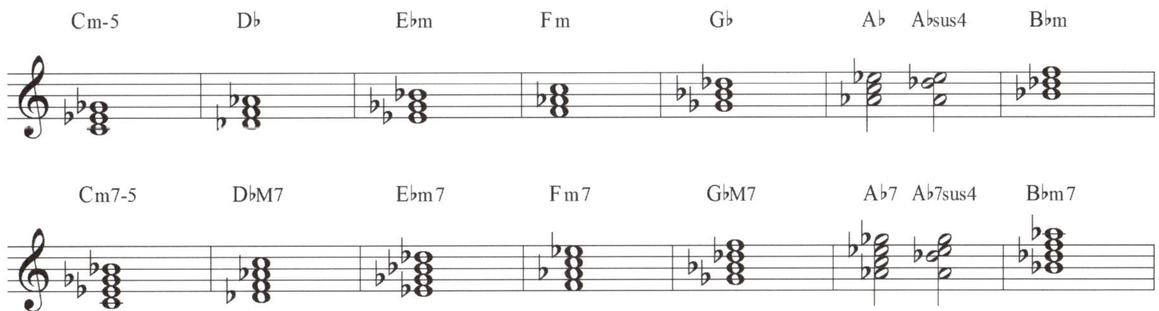

아이오니언 스케일

아이오니언 스케일

아이오니언 스케일은 3음과 4음, 그리고 7음과 8음이 반음 간격인 메이저 스케일과 동일하며, 스케일의 색깔을 나타내는 캐릭터 노트(Character Note)는 4음(파)이다. 즉, 애드리브할 때 4음을 의식적으로 활용하면 아이오니언 스케일 특유의 느낌을 효과적으로 표현할 수 있다.

▶ C 아이오니언 스케일

도(C)부터 시작하여 3음과 4음, 7음과 8음이 반음 간격으로 배열된 음계로, C 메이저 스케일과 동일하다.

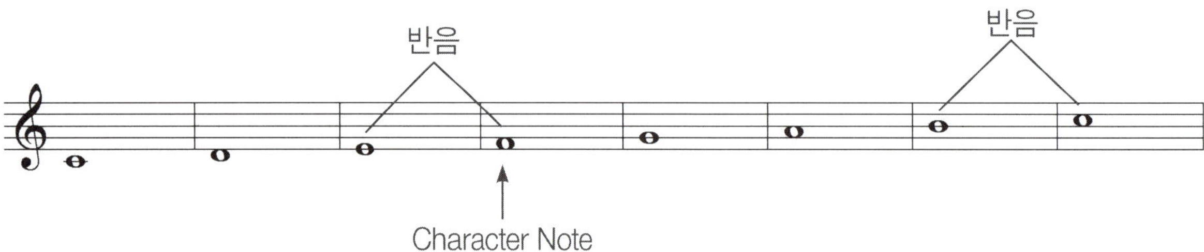

▶ E 아이오니언 스케일

미(E)부터 시작하여 3음과 4음, 7음과 8음이 반음 간격으로 배열된 음계로, #이 4개 붙어 있는 E 메이저 스케일과 동일하다.

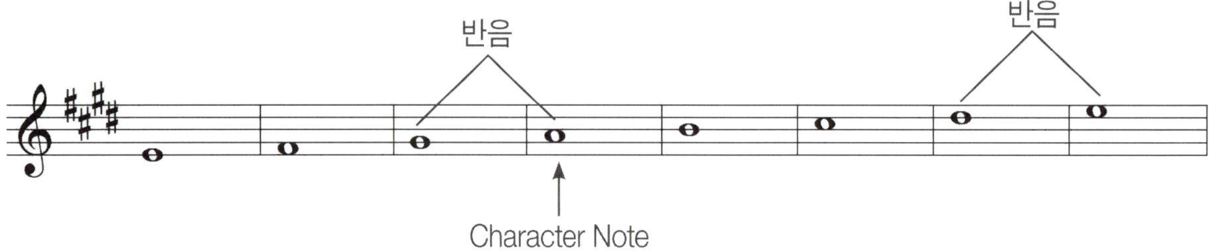

아이오니언 스케일 폼 1

기타는 스케일을 폼(form)으로 기억할 수 있기 때문에 다른 악기에 비해 키 조정이 수월하다는 장점이 있다. 다만, 같은 음을 여러 위치에서 연주할 수 있기 때문에, 각 스케일마다 6번 줄을 루트로 하는 폼, 5번 줄을 루트로 하는 폼, 4번 줄을 루트로 하는 폼을 포함한 총 5가지 폼이 존재한다.

▶ E 아이오니언 스케일 폼 1

아이오니언 스케일 폼 1이며, 5번 줄 7프렛의 미(E) 음을 루트로 사용한다.

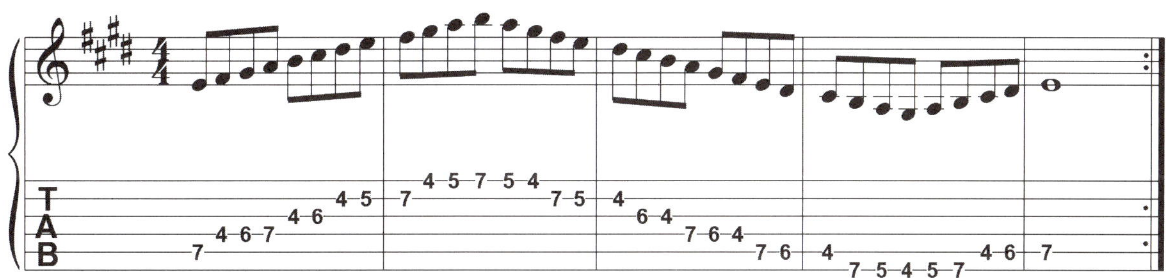

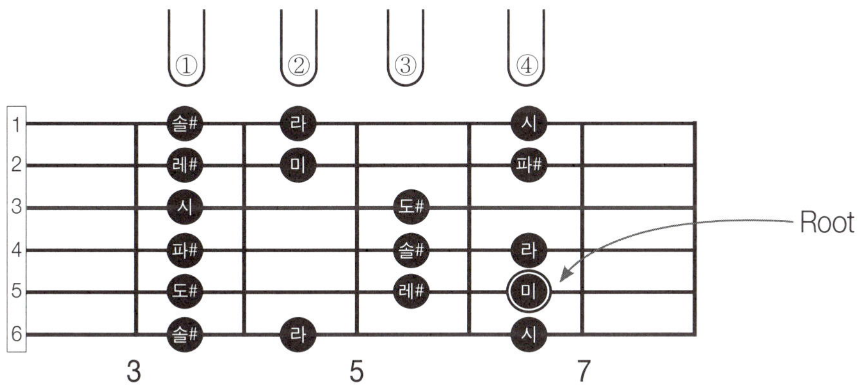

▶ 연습

E 아이오니언 스케일 폼 1의 프레이즈 연습

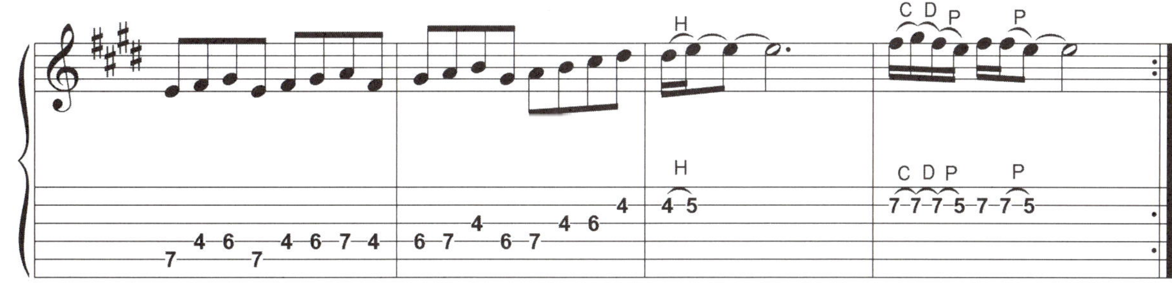

아이오니언 스케일 폼 2

아이오니언 스케일의 두 번째 폼이다. 첫 번째 폼과 루트 위치가 같기 때문에 손가락 번호로 구분해 기억해야 한다. 1번 폼에서는 4번 손가락이 루트에 위치하고, 2번 폼에서는 2번 손가락이 루트에 위치한다. 실전에서는 이 두 폼이 연결되어 함께 사용되는 경우가 많다.

▶ E 아이오니언 스케일 폼 2

아이오니언 스케일 폼 2이다.

3번 줄에서 2번 줄로 상행하거나, 2번 줄에서 3번 줄로 하행할 때 포지션 이동이 필요하다.

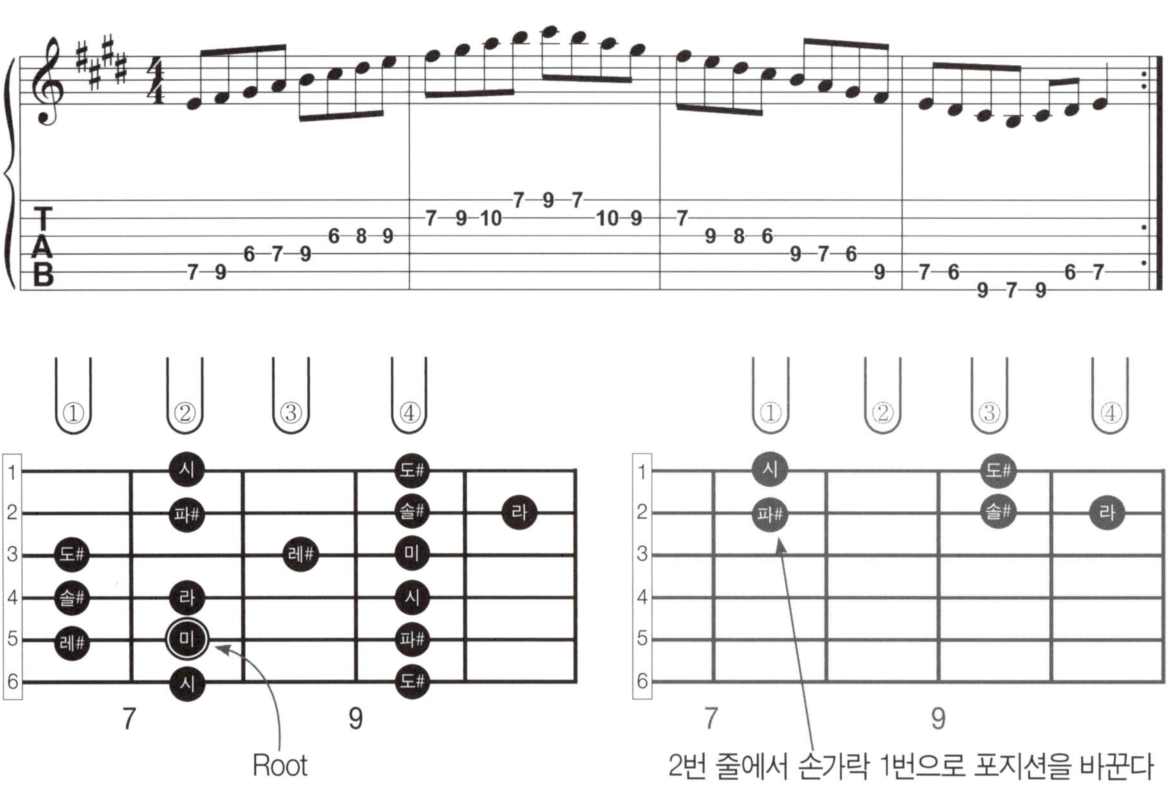

▶ 연습

E 아이오니언 스케일 폼 2의 프레이즈 연습 (3마디에서 1번 폼으로 이동하는 구간이 포함되어 있다.)

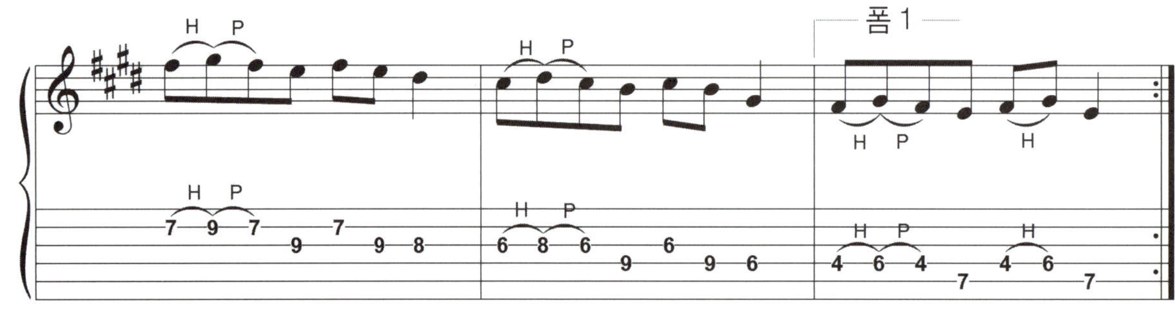

아이오니언 스케일 폼 3

아이오니언 스케일의 세 번째 폼이다. 루트는 6번 줄 12프렛에 위치하며, 4번 손가락으로 시작한다는 점을 기억해야 한다. 2번 폼과 마찬가지로 5프렛 폭을 가지고 있기 때문에, 3번 줄에서 포지션을 이동했다가 2번 줄에서 원래 포지션으로 돌아온다.

▶ E 아이오니언 스케일 폼 3

아이오니언 스케일 폼 3이다. 3번 줄에서 포지션 이동이 필요하다.

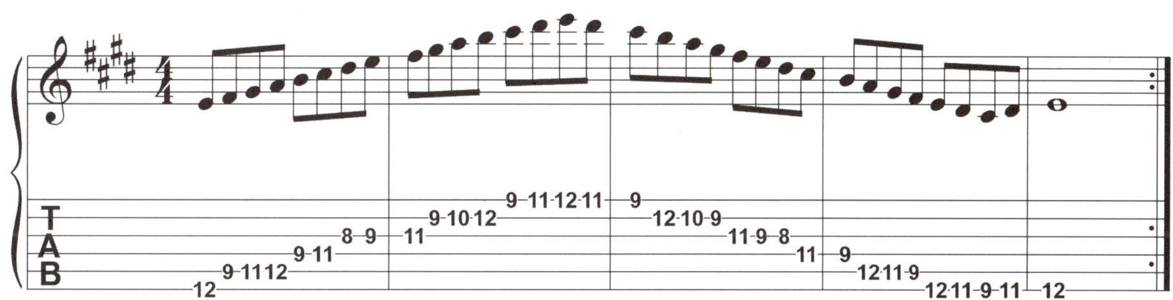

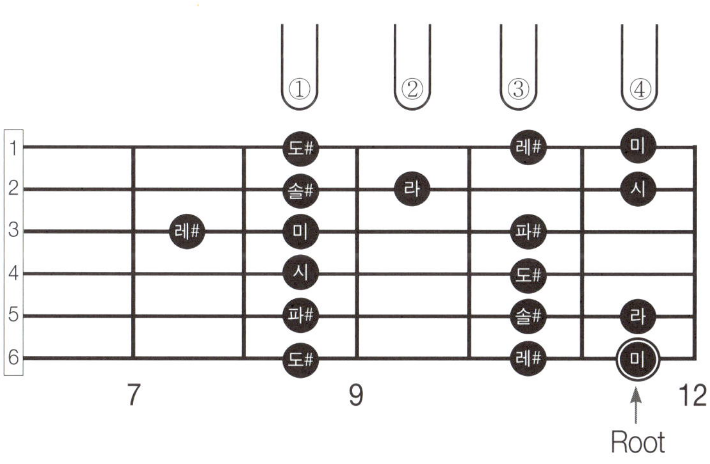

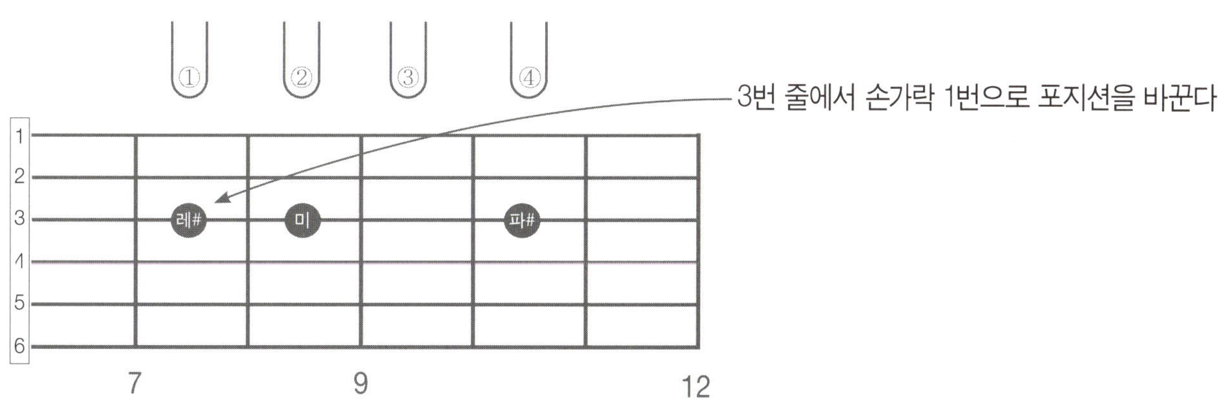

E 아이오니언 스케일 폼 3의 프레이즈 연습. (같은 프레이즈를 4번 반복하고 있다.)

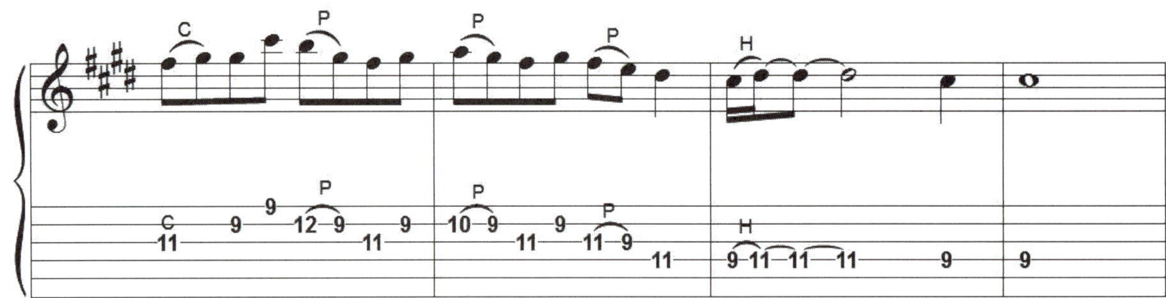

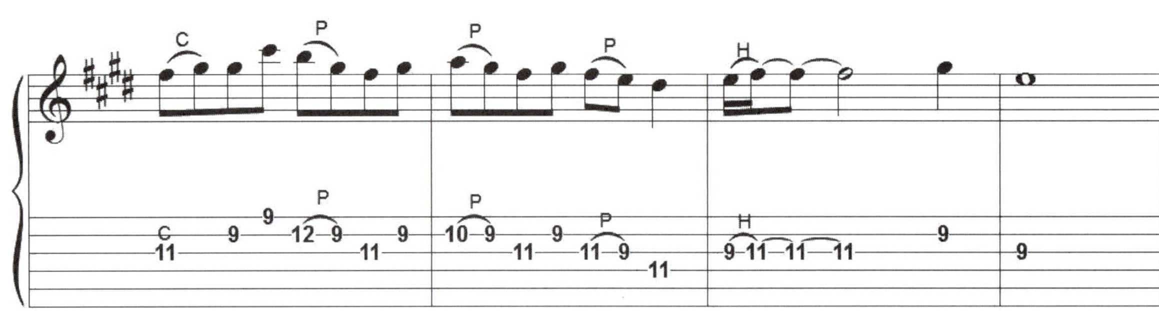

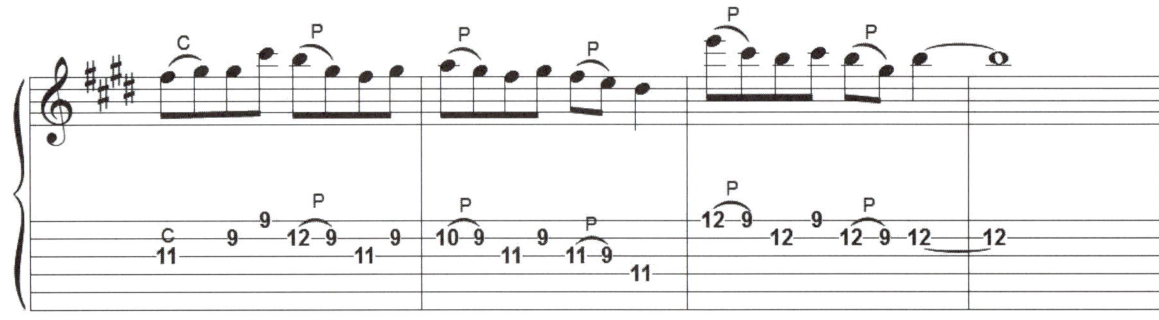

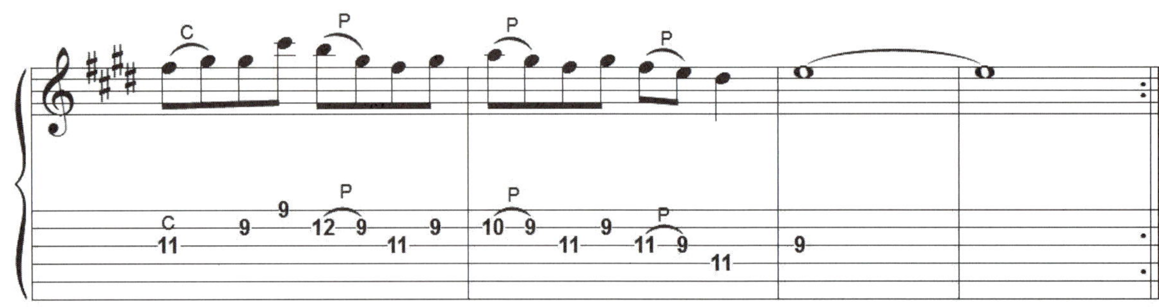

1-4 아이오니언 스케일 폼 4

아이오니언 스케일의 네 번째 폼이다. 3번 폼과 마찬가지로 루트는 6번 줄 12프렛에 위치한다. 3번 폼은 4번 손가락으로 시작하지만, 4번 폼은 2번 손가락으로 시작한다는 차이점이 있다. 기타 스케일 폼을 익힐 때는 루트가 어느 손가락에 위치하는지 기억하는 것이 요령이다.

▶ E 아이오니언 스케일 폼 4

아이오니언 스케일 폼 4이다. 6번줄을 루트로 하고 있는 폼으로 포지션 이동이 없다.

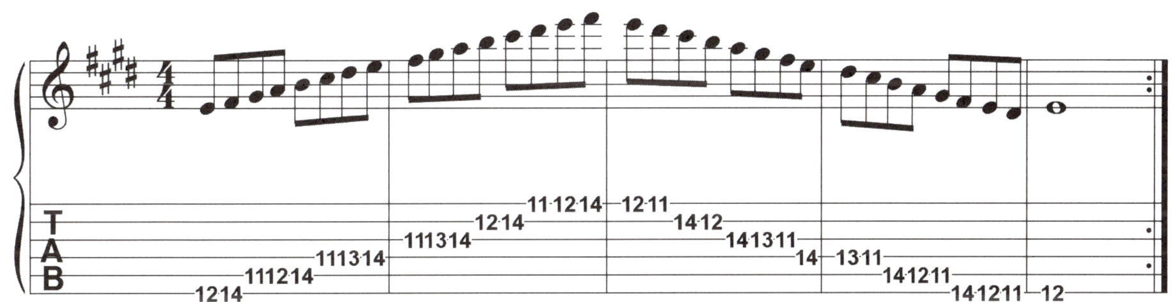

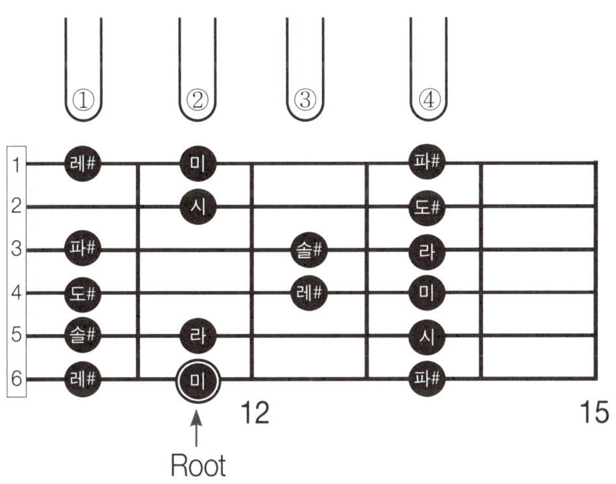

E 아이오니언 스케일 폼 4의 프레이즈 연습

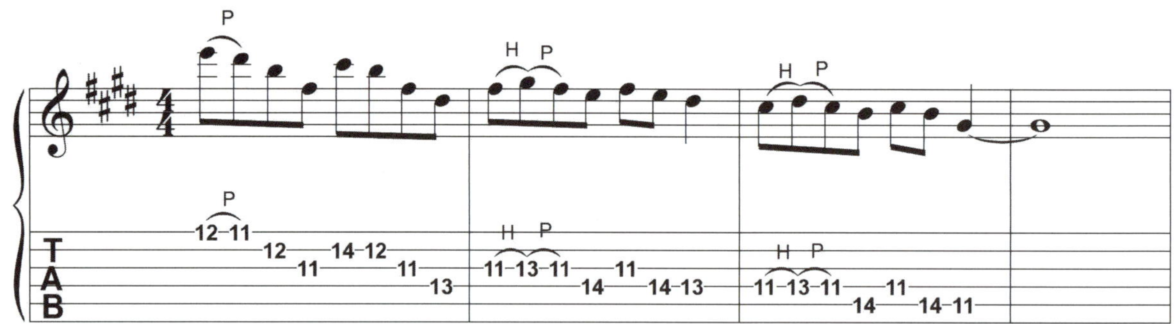

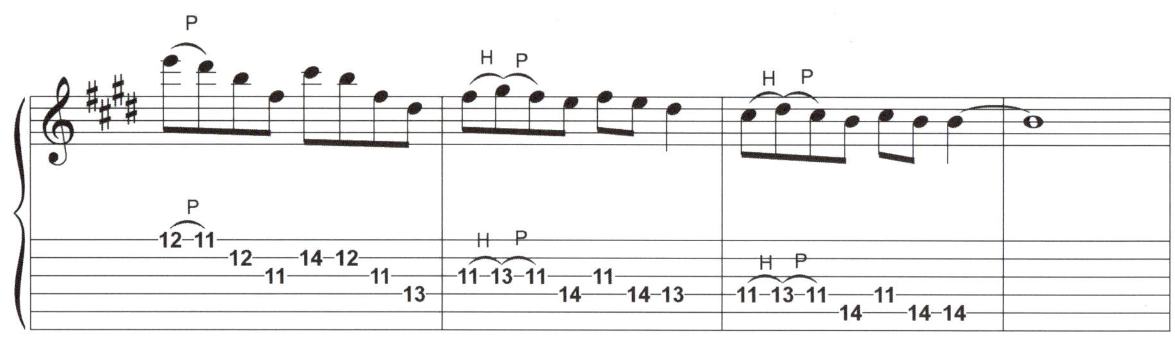

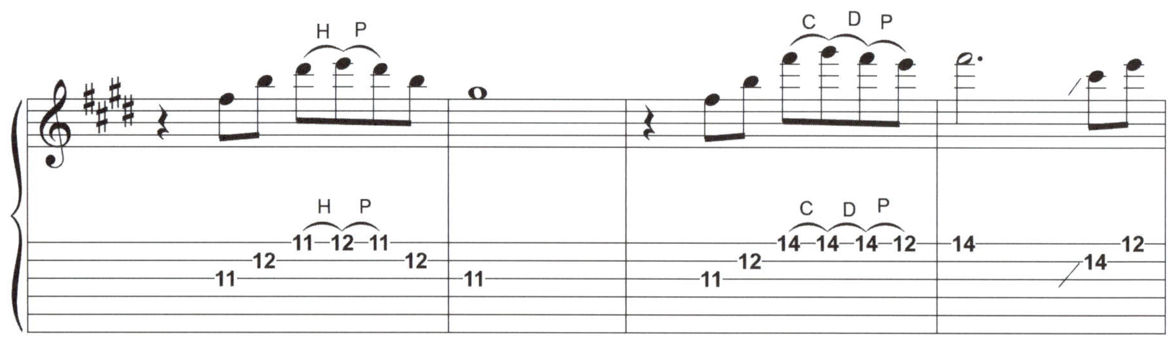

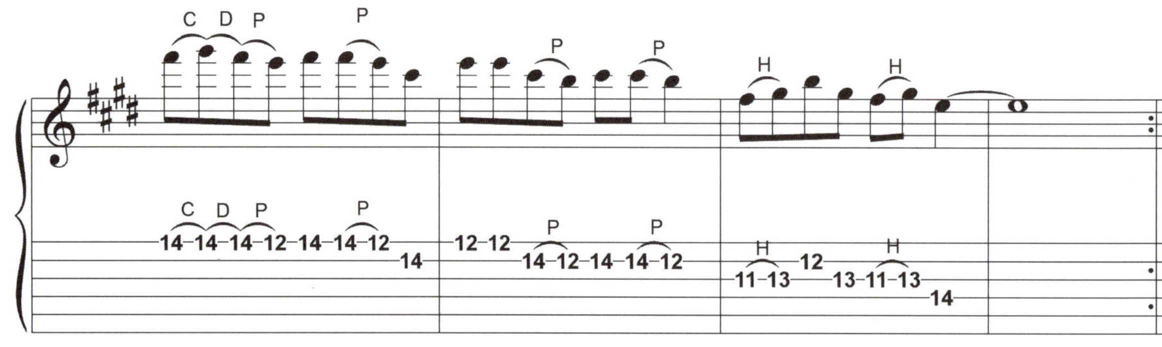

아이오니언 스케일 폼 5

아이오니언 스케일의 다섯 번째 폼이다. 6번 줄 12프렛을 루트로 연습하지만, 4번 줄을 루트로 하는 연결 폼으로 더 많이 알려져 있다. 실제로 연주가 어려운 로우 포지션에서는 1번 손가락의 포지션이 생략된 형태로 사용되는 경우가 많다. 이 부분은 다른 스케일 연습에서 자세히 다룬다.

▶ E 아이오니언 스케일 폼 5

아이오니언 스케일 폼 5이다. 6프렛 폭을 갖고 있지만 하이 포지션이라 어렵지 않다. 그림에서는 두 줄씩 나누어 표시했으나, 실제로는 5·6번 줄 12프렛과 3·4번 줄 13프렛을 모두 1번 손가락으로 연주하며, 1·2번 줄에서 포지션이 바뀐다.

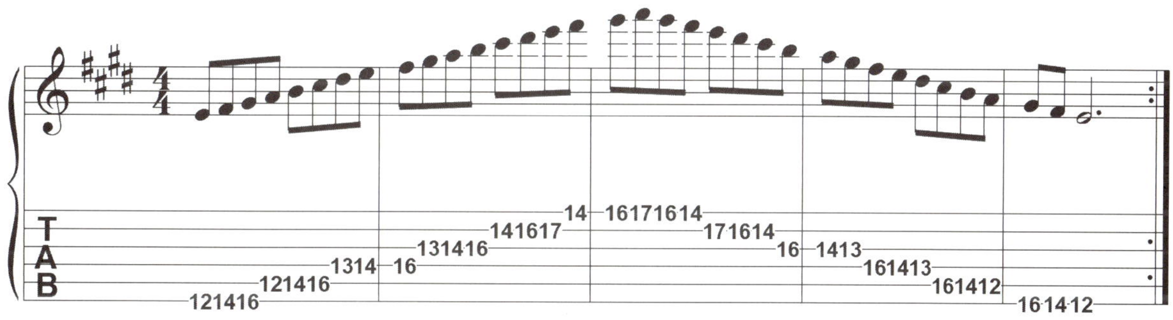

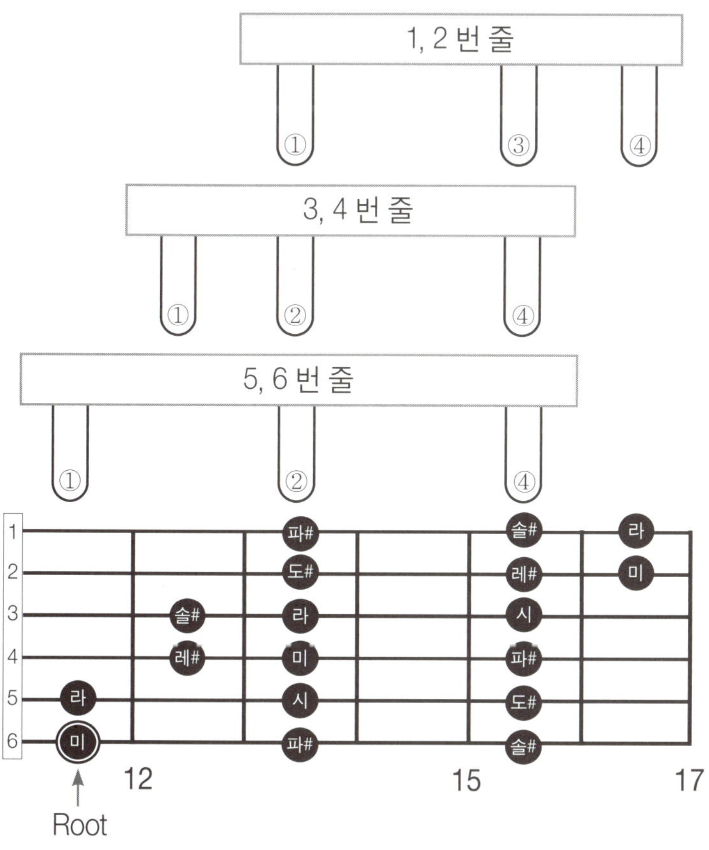

E 아이오니언 스케일 폼 5의 프레이즈 연습 (16비트 프레이즈로, 6연음과 7연음을 포함한다.)

6연음은 3-3으로, 7연음은 4-3으로 나누어 천천히 연습한다.

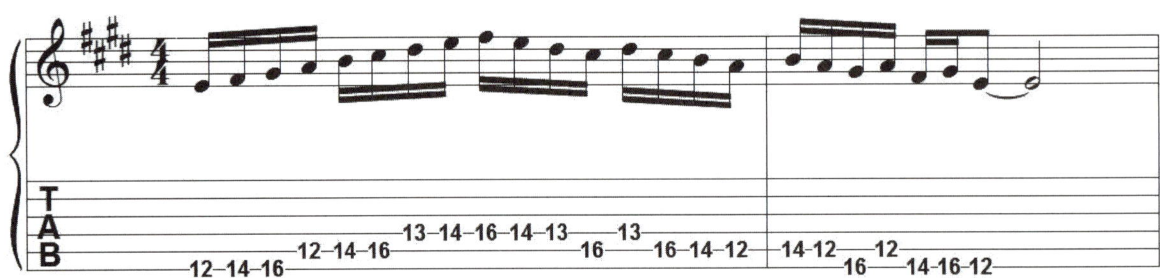

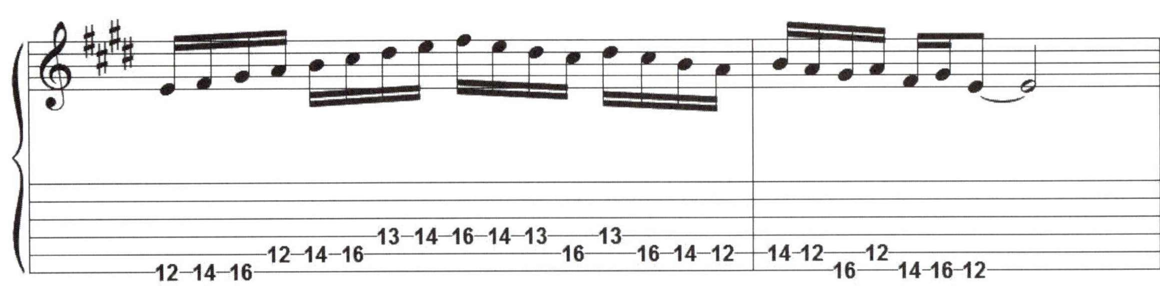

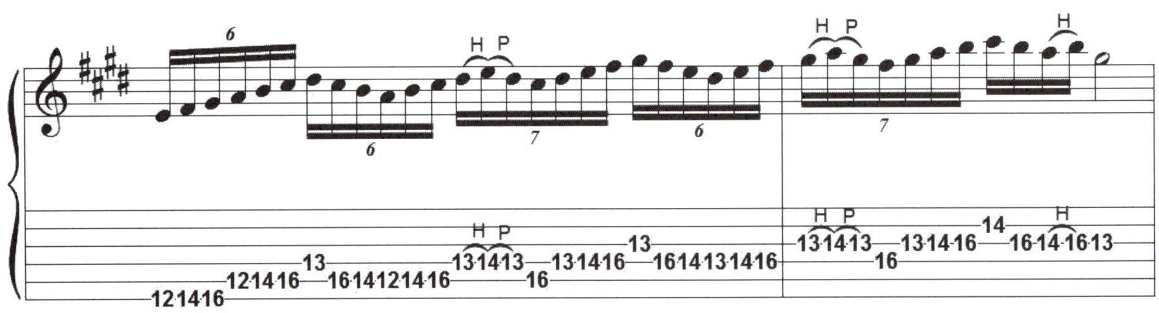

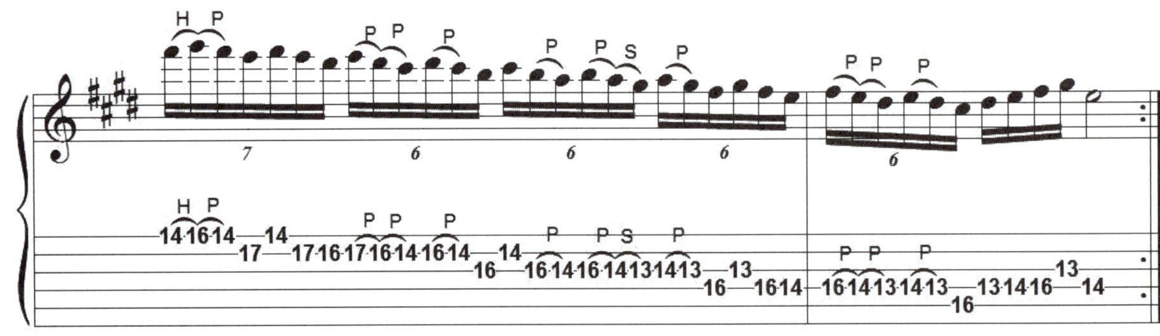

1-6 폼의 연결

5가지 아이오니언 스케일 폼을 살펴보았다. 각각의 폼은 개별적으로도 사용되지만, 실전에서는 인접한 폼을 연결해 음역을 확장하는 경우가 대부분이다. 다만, 이러한 응용은 각 폼이 충분히 익숙해졌을 때 가능하므로, 개별 폼 연습을 꾸준히 해야 한다.

▶ 연습 1

5개의 폼을 1번 줄에서 연결하는 연습이다.

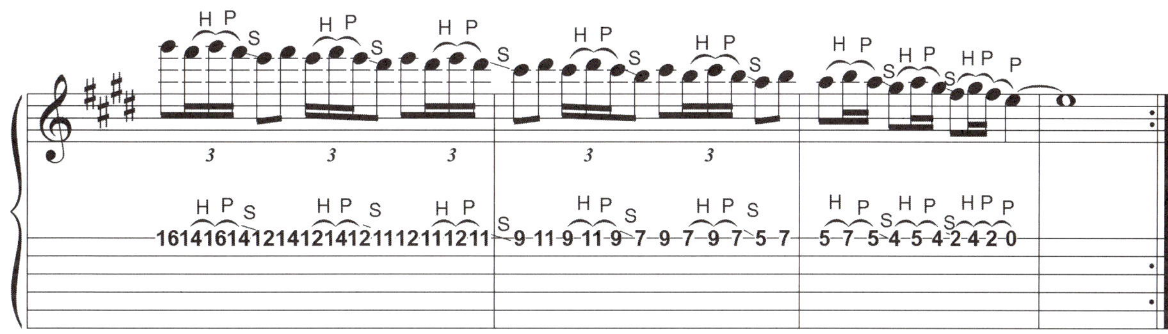

▶ 연습 2

폼 3에서 폼 1로 내려갔다가 다시 올라오는 연습이다.

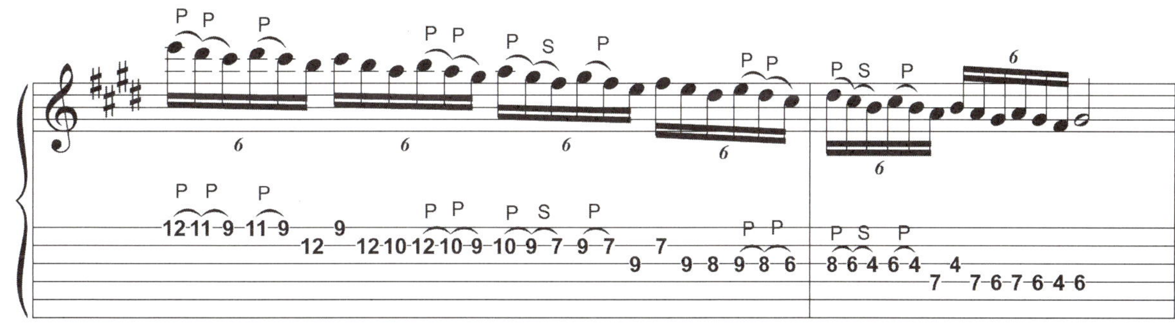

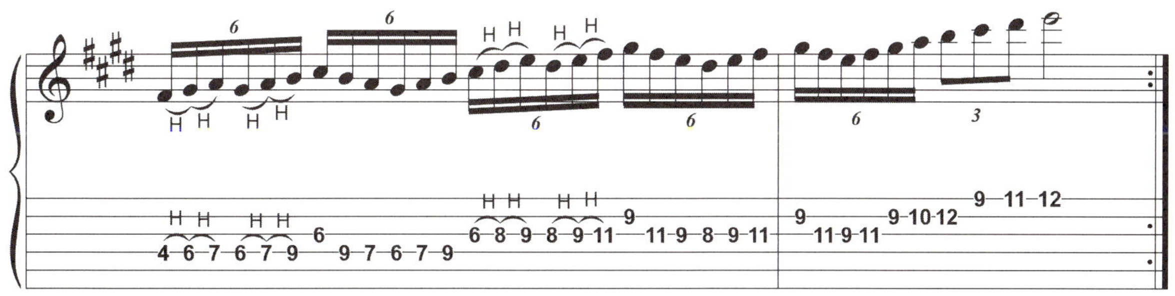

다이아토닉 코드

스케일의 구성음을 3도씩 쌓아 만든 코드를 다이아토닉 코드라고 하며, 메이저 스케일에서는 아이오니언 모드를 차용할 수 있다. 메이저 스케일은 아이오니언 모드를 기반으로 형성되었기 때문에 외형과 뉘앙스가 매우 유사하다. 다만, 아이오니언 모드에서는 메이저 스케일에서 코드 톤으로 사용하지 않는 4음이 캐릭터 노트로 작용하므로, I도 코드에서 sus4를 사용할 수 있다. 즉, 메이저 스케일의 I도 코드에 sus4를 적용하면 아이오니언 모드 특유의 분위기를 연출할 수 있다.

C 다이아토닉 코드는 다음과 같다. I, IV, V도는 메이저 코드이고, II, III, VI도는 마이너 코드이며, VII도는 마이너 플랫 파이브 코드이다. 아라비아 숫자는 코드 네임에 사용되기 때문에, 코드의 순서를 표기할 때는 로마 숫자를 사용하는 것이 일반적이다.

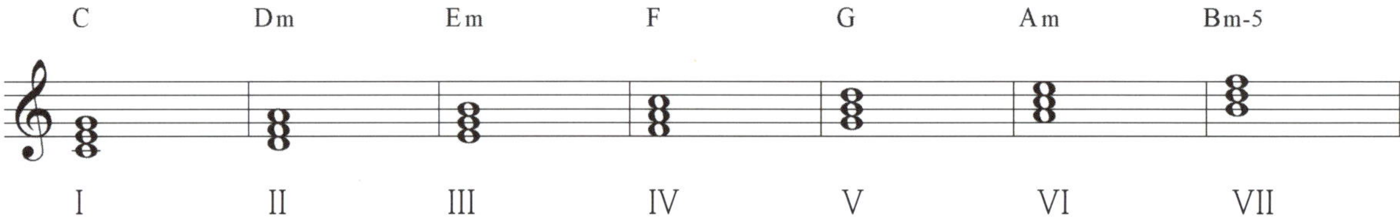

C 아이오니언 코드는 메이저 코드와 동일하다. 단, 캐릭터 노트인 4음을 표현하기 위해 I도 코드에서 sus4를 사용한다. V도 코드에서도 sus4를 사용하는 경우가 있으나, 도미넌트 해결이 필요하기 때문에 단독으로는 사용하지 않으며, VII도 코드는 사용하지 않는다. 즉, 메이저 스케일 코드와의 차이점은 I도 코드뿐이므로, 메이저 곡에서 아이오니언 색깔을 내고 싶을 때는 I도의 sus4 코드를 차용하면 된다. 특히, 캐릭터 노트를 포함하는 II도나 IV도 코드에서 I도로 진행하는 변진행을 사용하면 메이저 곡에서 아이오니언 모드의 분위기를 연출할 수 있다.

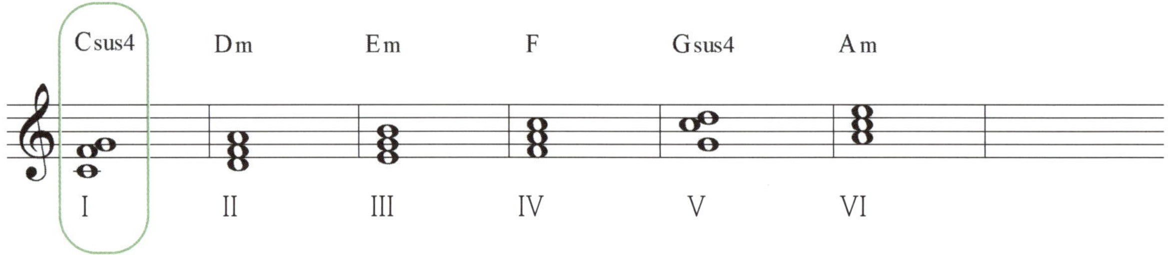

▶ E 다이아토닉 코드 폼

자금까지 E 아이오니언 스케일로 연습을 했으므로, 폼도 E 다이아토닉 코드로 살펴본다.
메이저 곡에서 아이오니언 분위기를 내고 싶다면, I도 코드 E 대신에 Esus4를 사용한다.

〈I-E〉

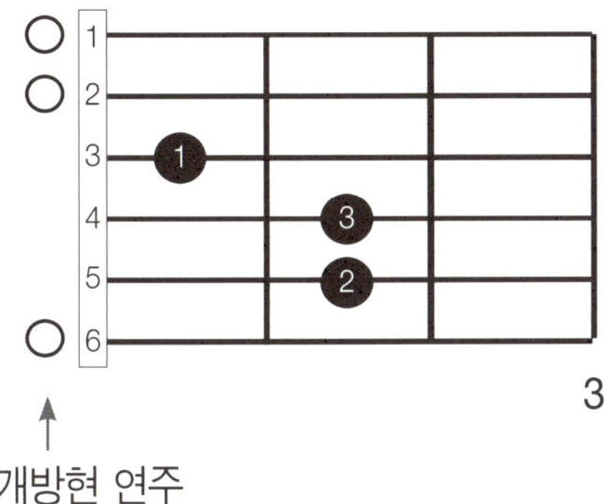

〈I-Esus4〉

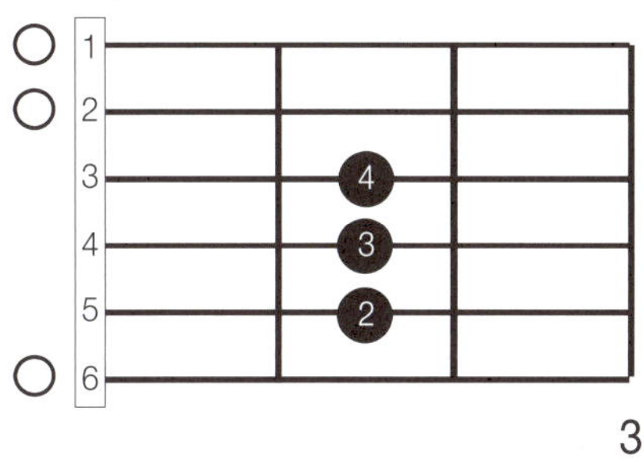

〈II-F#m〉

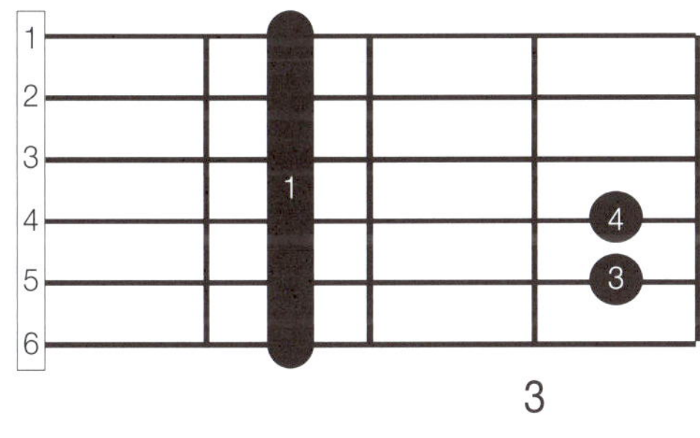

〈III-G#m〉

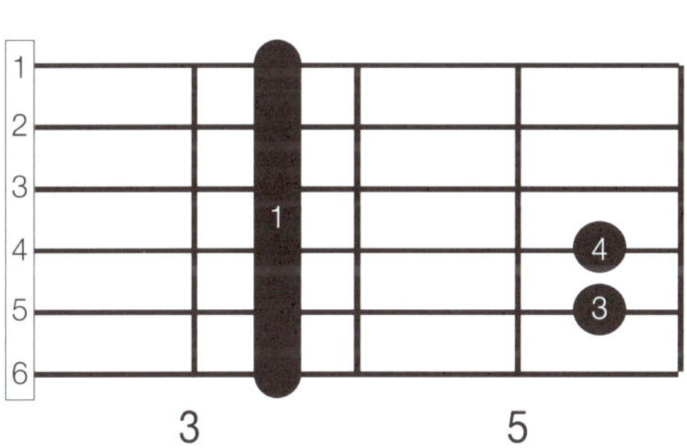

〈IV-A〉

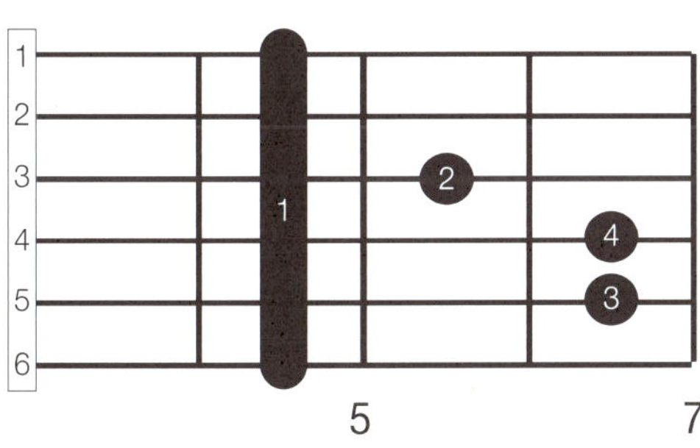

〈V-B〉

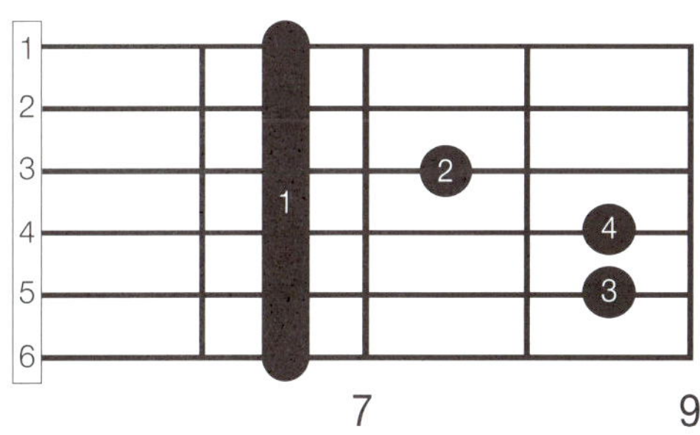

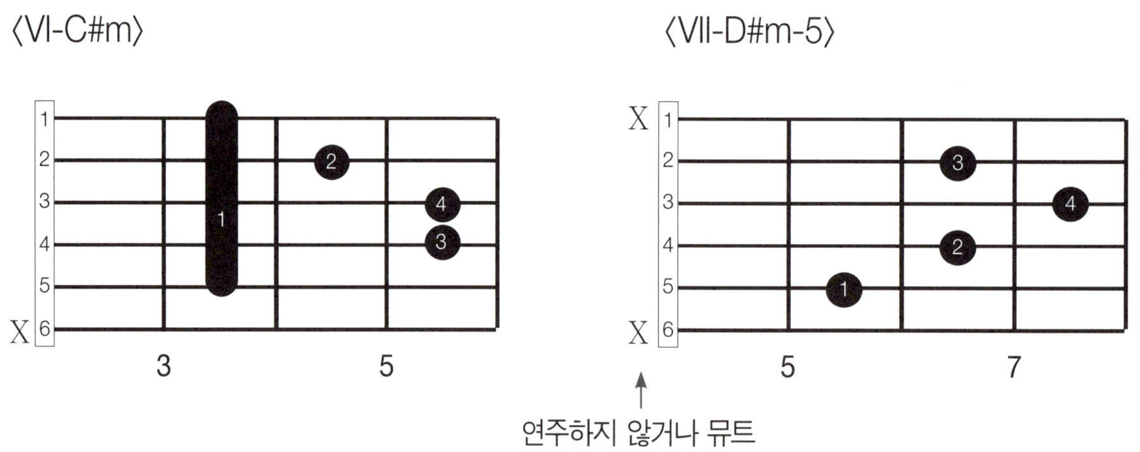

연주하지 않거나 뮤트

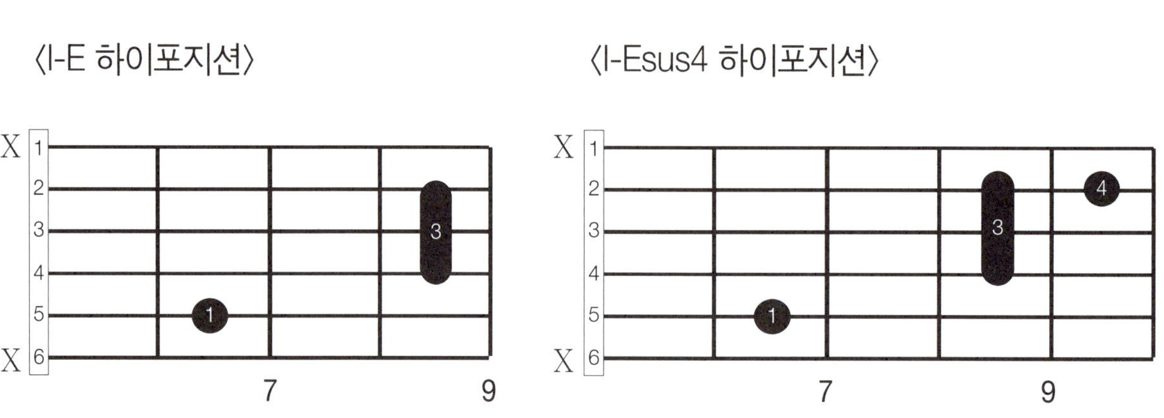

▶ 7 코드

7코드에서는 I도 sus4를 사용하지 않으므로, 결국 메이저 다이아토닉 코드와 동일하다. V7 코드에서는 sus4를 사용하는 경우도 있지만, 도미넌트 모션을 형성하지는 못하고 결국 V7으로 진행된다.

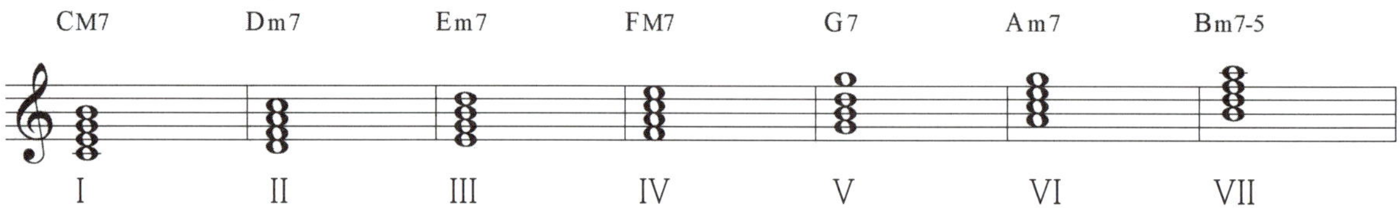

※ II도 마이너 코드를 IIm으로 표기하는 경우도 있다. 하지만 재즈 연주에서는 익혀야 할 필수 스케일이 20가지가 넘고, 각 스케일마다 II도 코드의 유형이 다양하게 나타난다. 예를 들어, II도는 마이너 코드, 마이너 플랫 5 코드, 메이저 코드 등 여러 형태가 있을 수 있다. 따라서 메이저 스케일에만 한정된 IIm 표기는 실제 연주 상황에서 큰 의미를 갖기 어렵다. 이에 본서에서는 혼란을 줄이고자, II도를 단순히 '두 번째 코드' 라는 의미로만 사용하여 'II' 로 표기한다.

E 다이아토닉 코드에서는 1번과 2번 개방현을 활용하여 텐션 코드를 만들 수 있으며, 이는 팝이나 재즈에서 자주 사용된다. 기타 코드를 처음 배울 때처럼 3화음 형태로 먼저 익히는 것이 좋다.

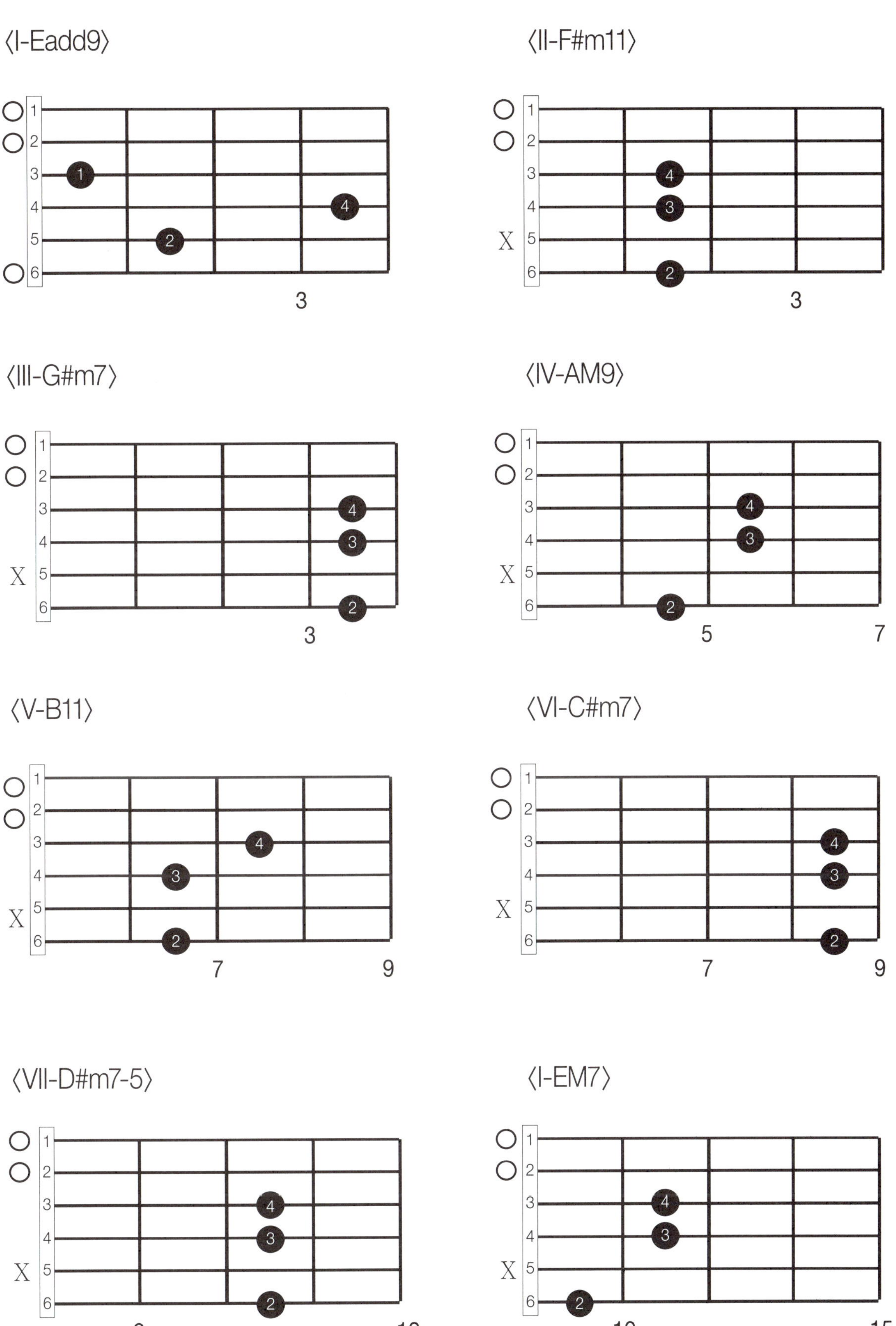

Slash Style Licks

"애드리브를 어떻게 해요?" 학생들이 가장 많이 하는 질문이다.

답은 오직 하나, 선배들의 프레이즈를 무의식적으로 연주할 수 있을 정도로 연습하는 것이다.

선배들이 자주 사용하는 프레이즈나 테크닉을 '릭(Lick)'이라고 하며, 이를 약 100개 정도 마스터한 후, 상황에 맞게 어울리는 릭을 연주하면 된다. 물론 처음에는 선배들의 프레이즈나 테크닉을 그대로 따라 하는 것이지만, 익숙해지면 자연스럽게 변형이 생기고 자신만의 릭이 만들어진다. 아이오니언 스케일 학습 편에서는 건스 앤 로지스의 리드 기타리스트이자 세계적인 명성을 얻은 슬래쉬(Slash)의 스타일을 바탕으로 한 릭을 연습한다.

▲ 슬래쉬(Slash, 1965년 7월 23일 ~) : 영국 런던에서 태어나 미국으로 이주한 기타리스트이자 작곡가이다. 미국의 하드 록 밴드 건스 앤 로지스에서 리드 기타를 맡아 80년대 후반에서 90년대 초반에 세계적인 명성을 얻었다. 이후 건스 앤 로지스 해체 후 일부 멤버들과 프로젝트 팀인 슬래시스 스네이크핏(Slash's Snakepit)을 결성하여 활동하였고, 2002년에 멤버를 추가하여 벨벳 리볼버(Velvet Revolver)를 결성했다. 2010년에는 자신의 이름으로 솔로 앨범을 발표했다.

기타리스트로서 슬래시는 여러 매체에서 높은 평가를 받고 있으며, 〈롤링 스톤〉지가 2011년에 선정한 세계 100대 기타리스트 목록에서 65위를 차지하였다. 또한, 그가 만든 건스 앤 로지스의 대표곡 〈Sweet Child o' Mine〉의 기타 리프는 역대 최고의 기타 리프 중 하나로 널리 인정받고 있다.

▶ Licks 1

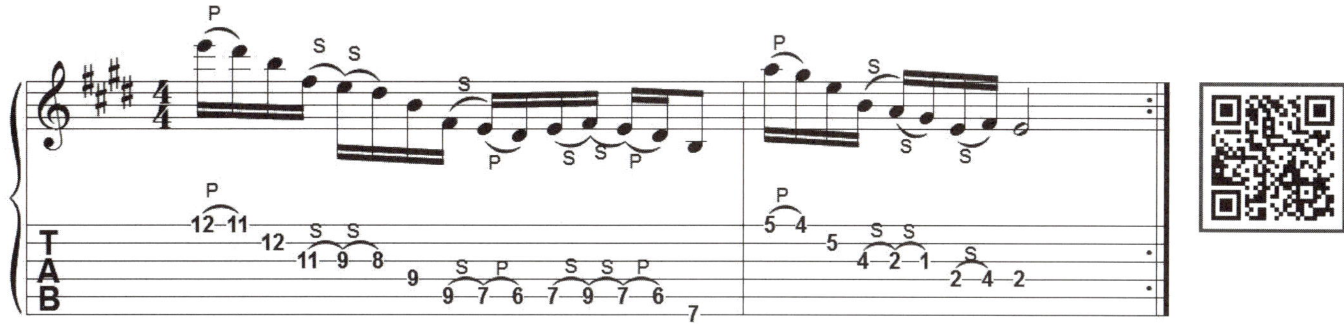

▶ Licks 2

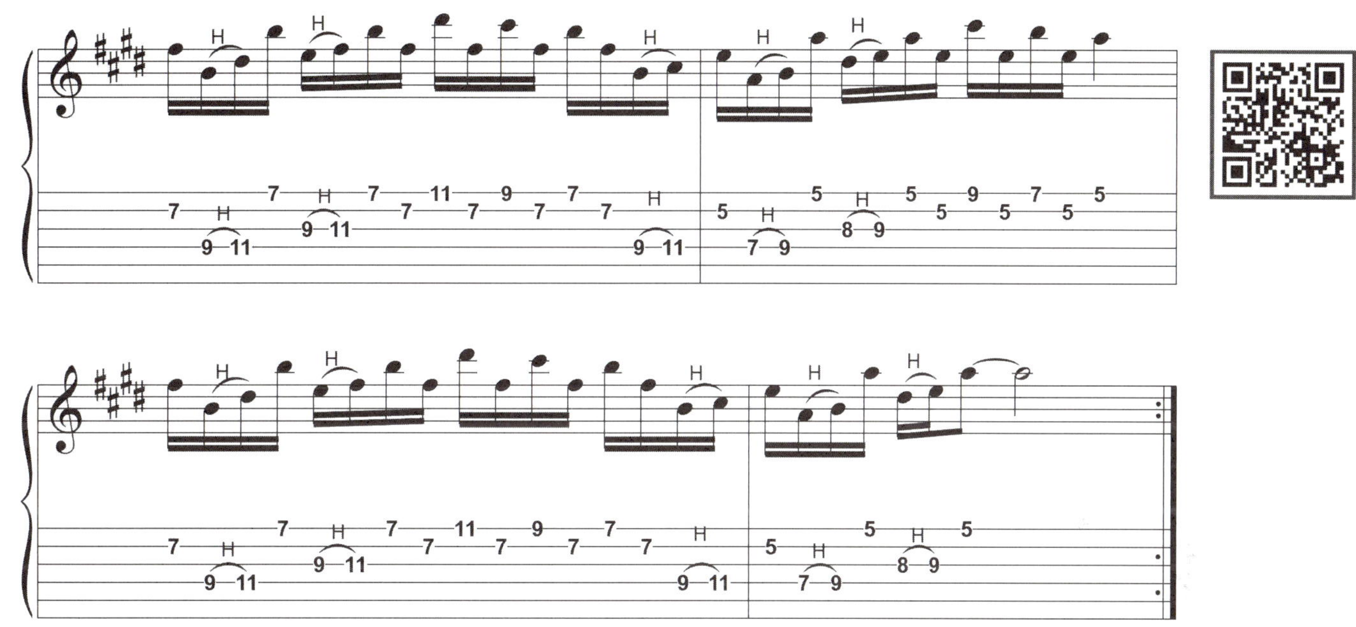

▶ Licks 3

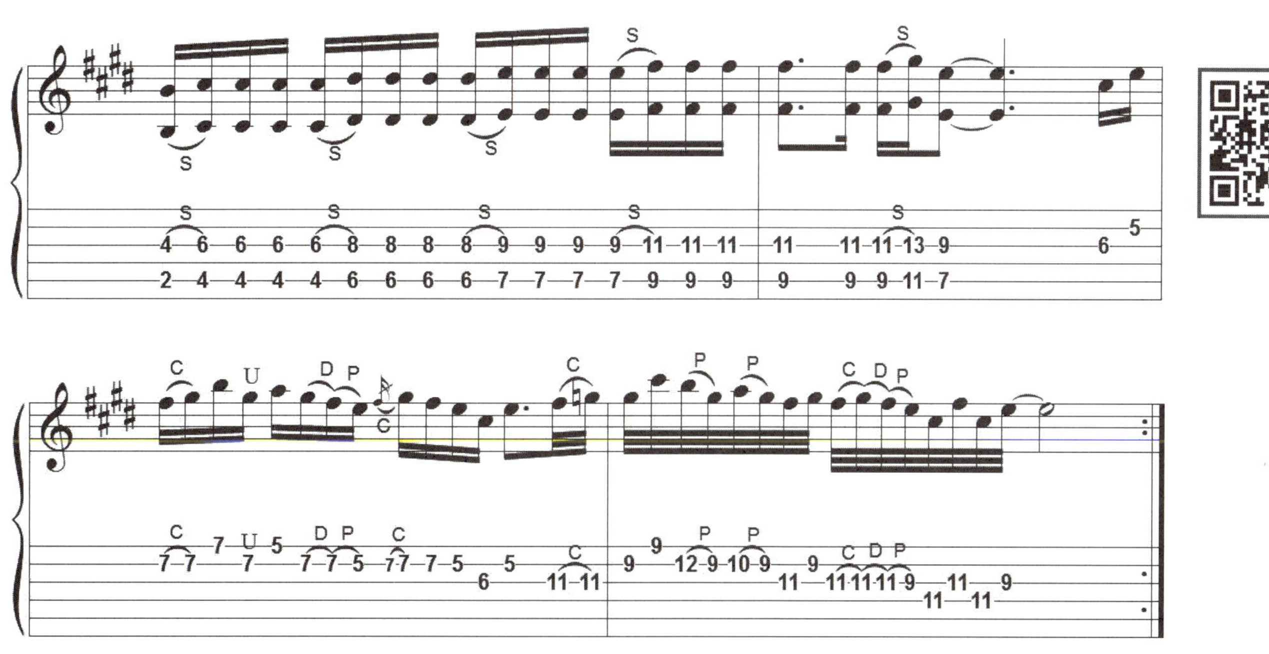

2

도리언 스케일

02 도리언 스케일

도리언은 메이저 스케일의 2음에서 시작해 같은 음정을 이어간 것과 같다. C 메이저 스케일을 예로 들면 2음이 (레)이므로, (레, 미, 파, 솔, 라, 시, 도, 레)로 나열되어 2음과 3음, 6음과 7음이 반음 간격이다. 같은 간격으로 (도)부터 나열하면 C 도리언 스케일이 아니라 Bb 메이저 스케일의 2음에서 시작한 C 도리언이 되고, (레)부터 나열하면 C 메이저 스케일의 2음에서 시작한 D 도리언이 되는 것이다. 도리언 스케일의 색깔을 나타내는 캐릭터 음은 6음이다.

▶ C 도리언 스케일

C(도)에서 시작하여 (도, 레, 미♭, 파, 솔, 라, 시♭, 도)로 나열된 것으로, Bb 메이저 스케일의 2음에서 출발한 것과 동일하다.

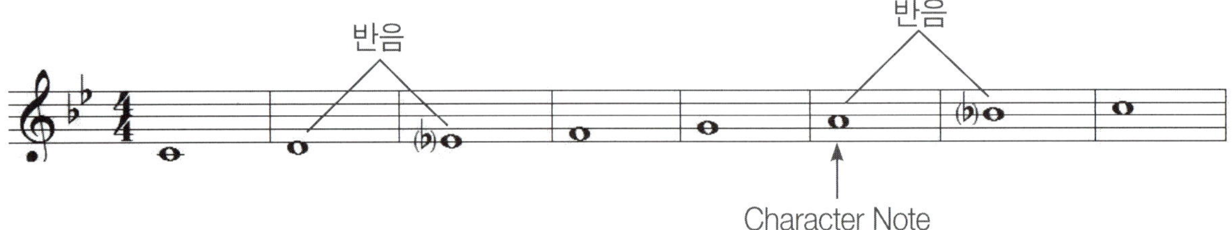

▶ D 도리언 스케일

D(레)에서 시작하여 (레, 미, 파, 솔, 라, 시, 도, 레)로 나열된 것으로, C 메이저 스케일의 2음에서 출발한 것과 동일하다.

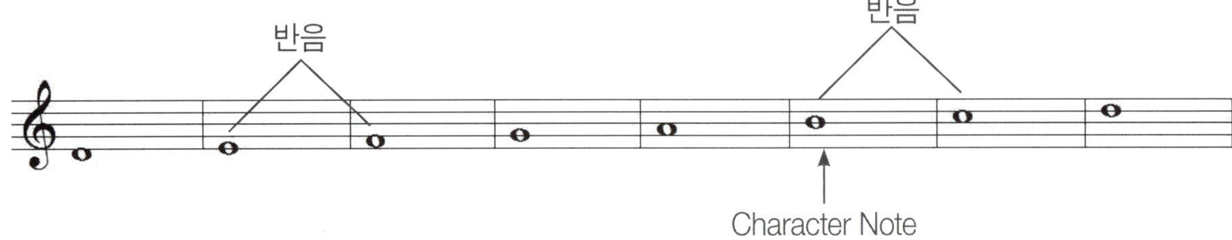

도리언 스케일 폼 1

연습은 루트가 (레)인 D 도리언으로 한다. 도리언은 메이저 스케일의 2음에서 시작하여 만들어지는 것이므로, C 메이저의 2음이 D이므로 D 도리언은 C 메이저 스케일과 동일하다.

▶ D 도리언 스케일 폼 1

5번 줄 5프렛의 루트 (레)를 기준으로 한 D 도리언 스케일 폼이다. 2번 줄에서 포지션 이동이 있으며, 6번 줄 1프렛의 (파)는 1번 손가락으로, 1번 줄의 (시)는 4번 손가락을 벌려서 연주한다.

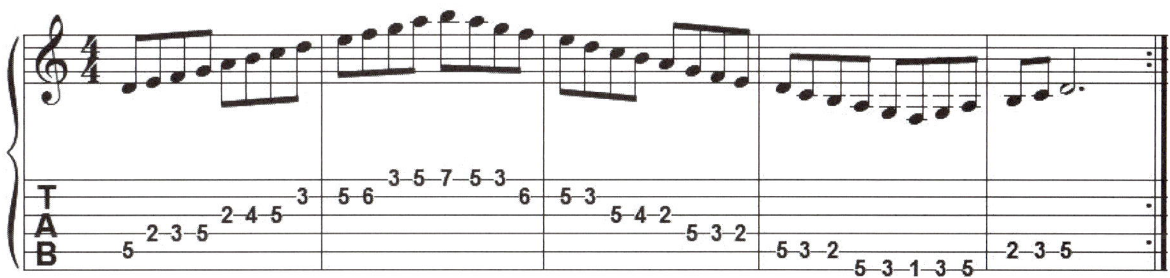

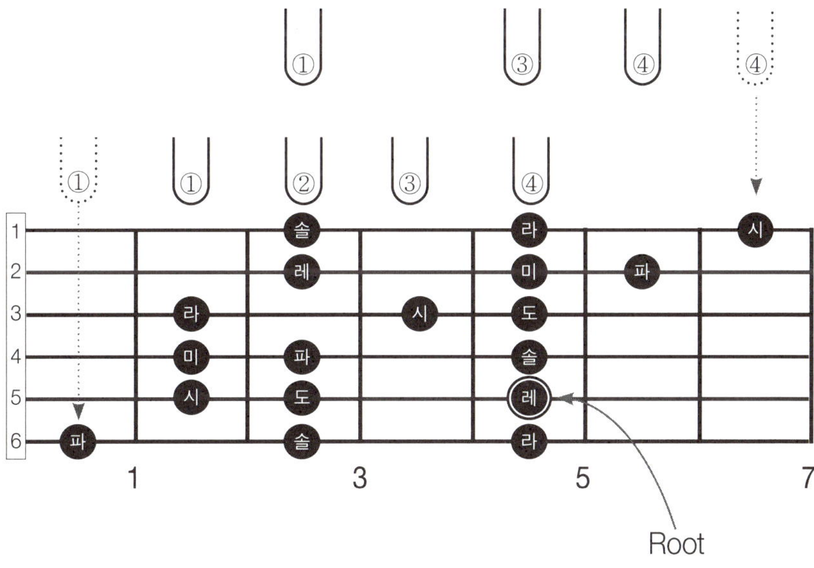

손이 작은 경우에는 1번 줄의 (시)와 6번 줄의 (파)를 생략한다. 실제로 이 형태가 더 널리 사용된다.

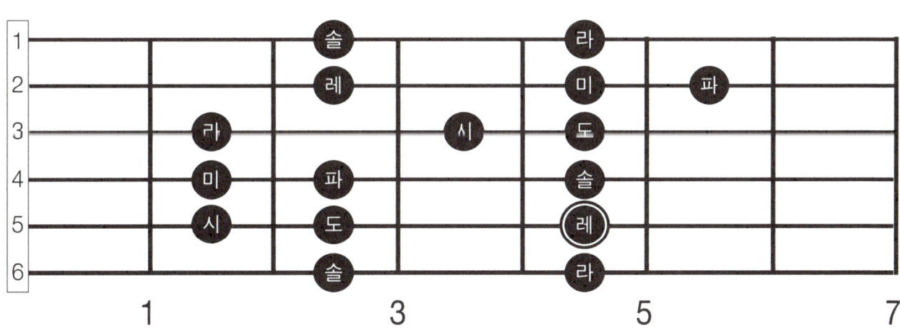

D 도리언 스케일 폼 1의 프레이즈 연습

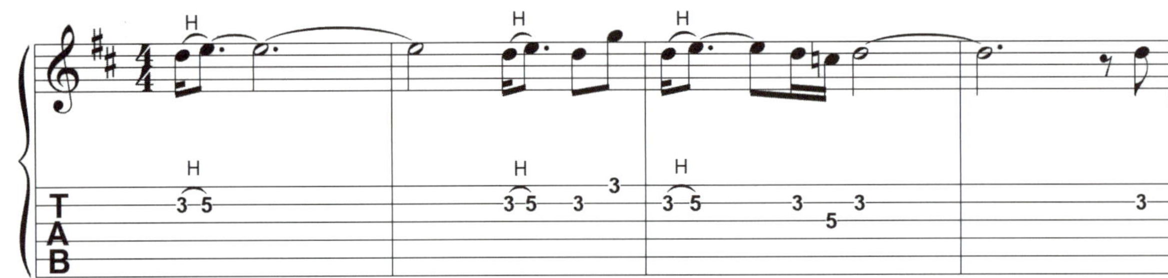

도리언 스케일 폼 2

폼 1과 동일하게 5번 줄 5프렛의 루트 (레)를 기준으로 한 D 도리언 스케일 폼이다. 다만 폼 1은 4번 손
가락으로 시작하는 반면, 폼 2는 1번 손가락으로 시작한다는 차이가 있다.

▶ D 도리언 스케일 폼 2

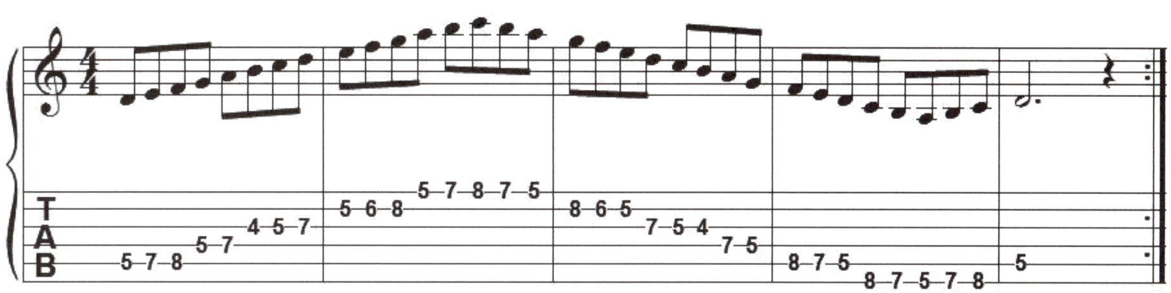

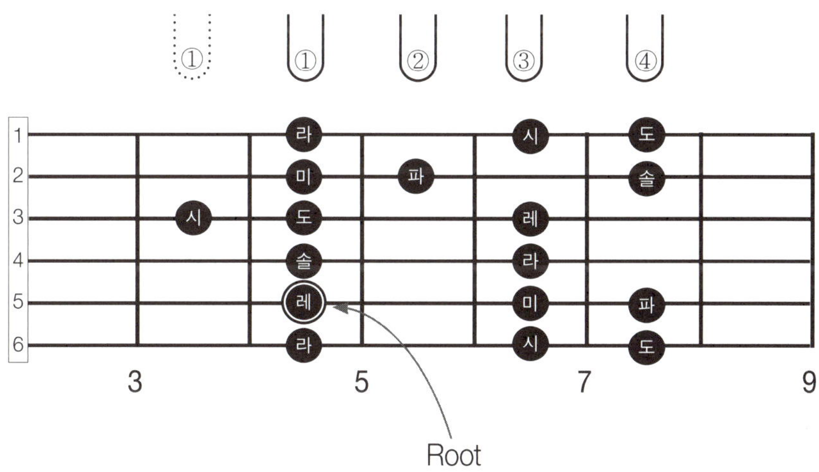

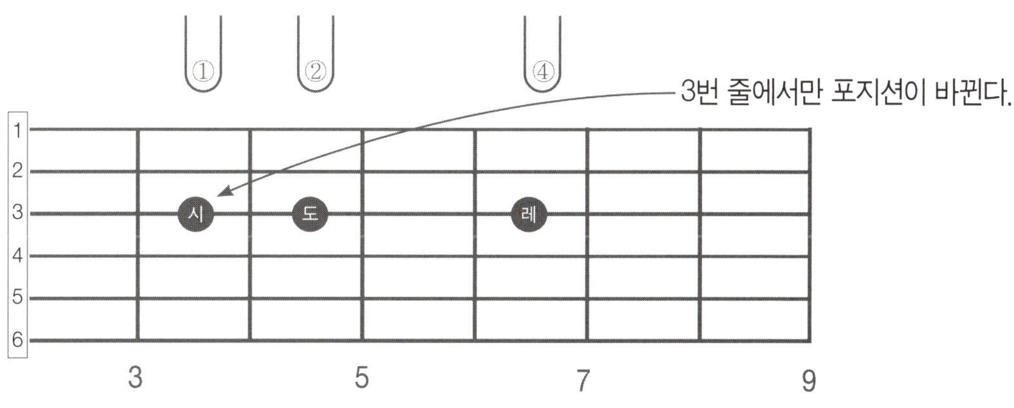

▶ 연습

D 도리언 스케일 폼 2의 프레이즈 연습

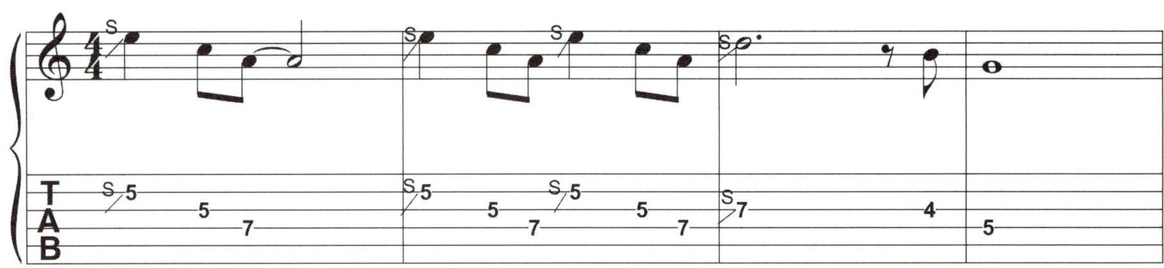

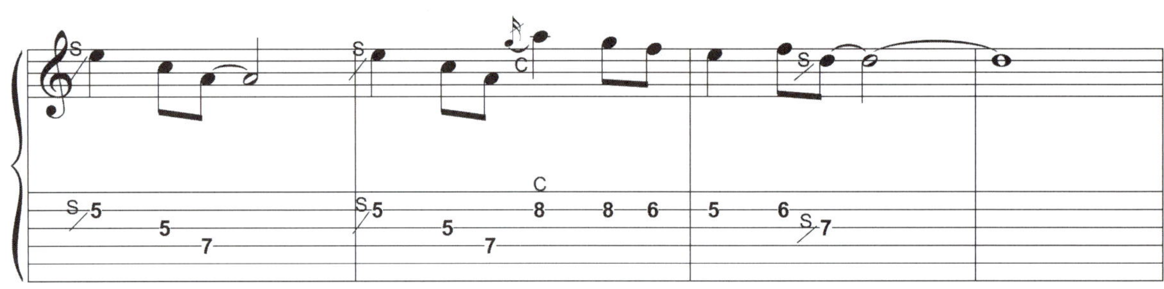

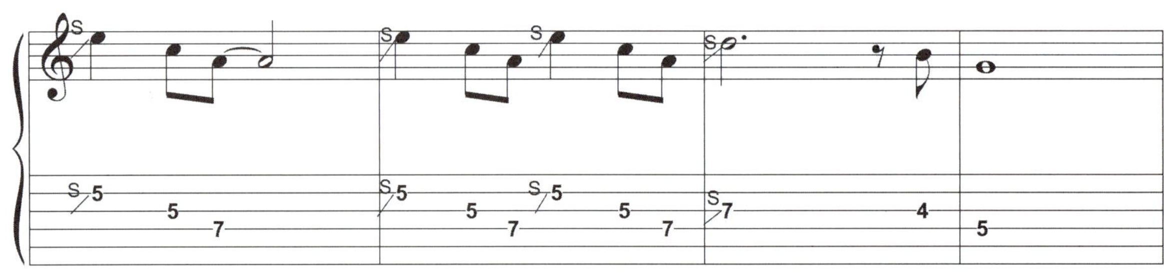

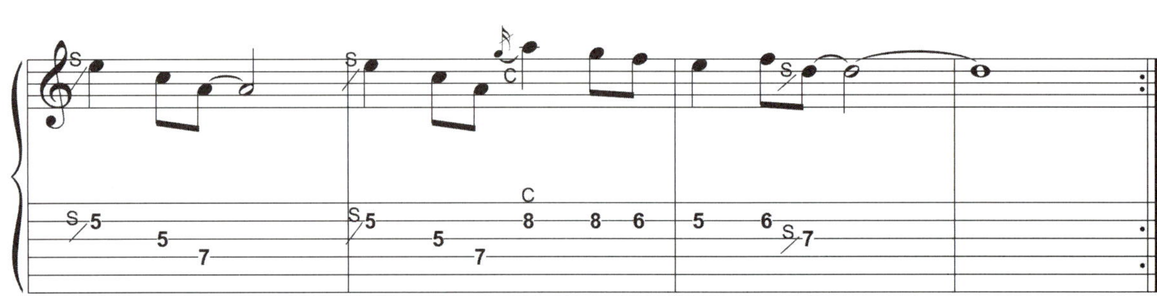

도리언 스케일 폼 3

6번 줄 10프렛의 루트 (레)를 기준으로 한 D 도리언 스케일 폼 3이다. 6번 줄 10프렛을 4번 손가락으로
잡고 시작한다는 점으로 기억한다.

▶ D 도리언 스케일 폼 3

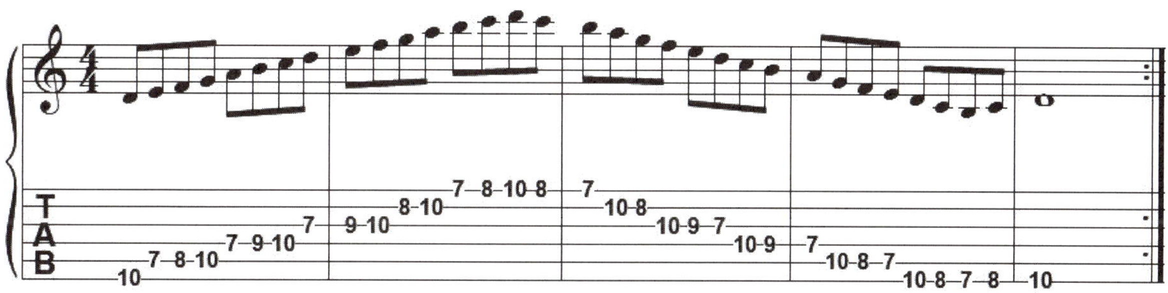

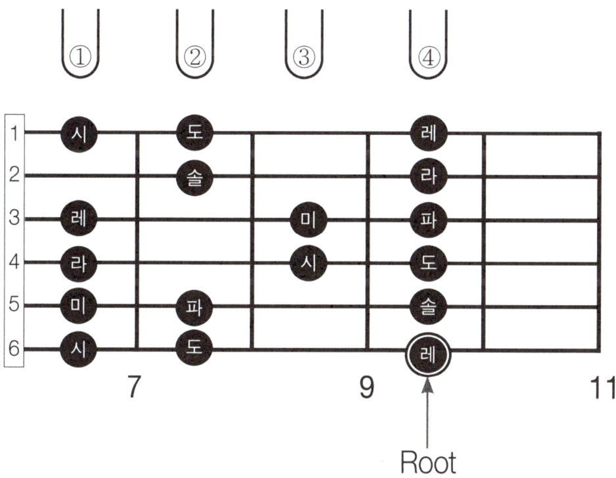

D 도리언 스케일 폼 3의 프레이즈 연습

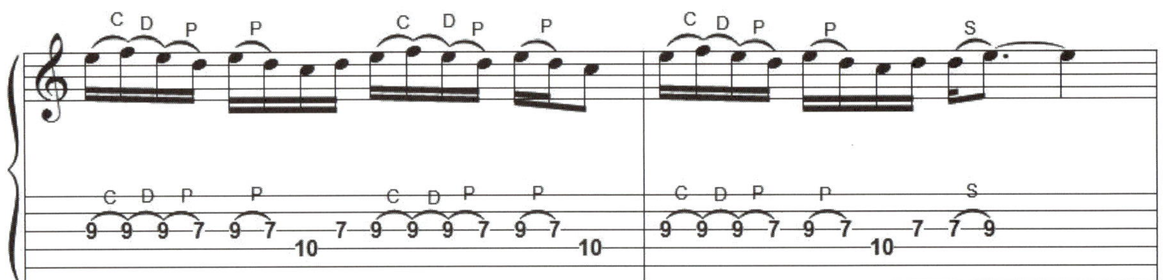

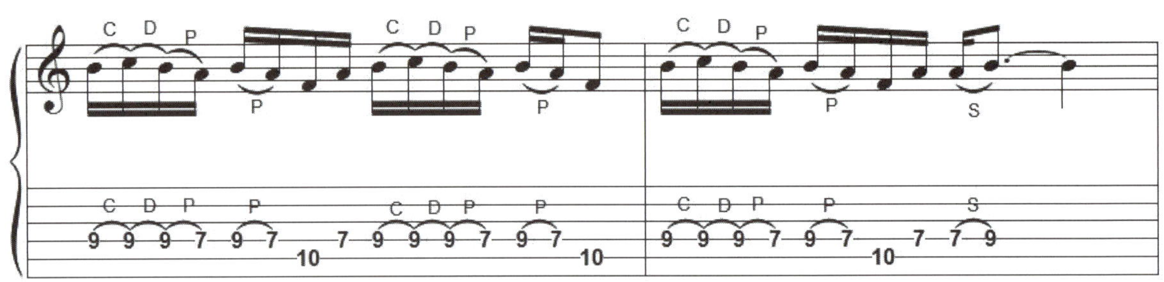

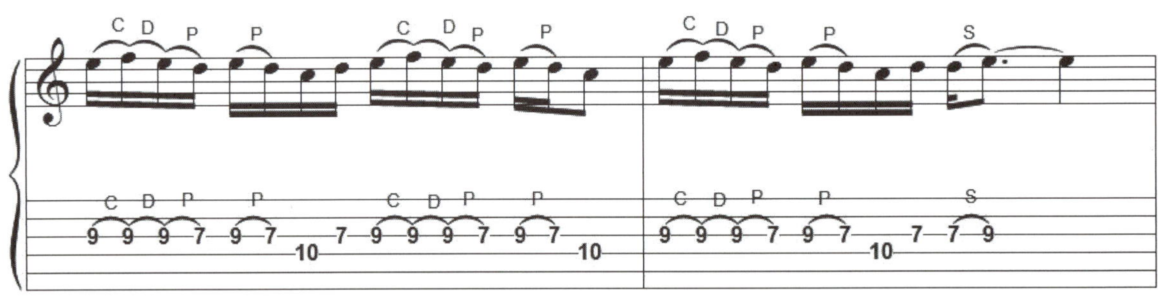

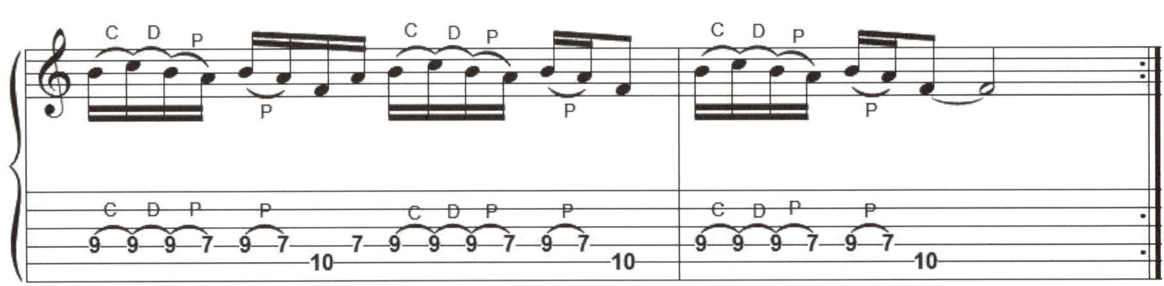

도리언 스케일 폼 4

폼 3과 같이 6번 줄 10프렛의 루트 (레)를 기준으로 한 D 도리언 스케일 폼이다. 다만 1번 손가락으로
시작한다는 차이가 있으며, 3번 줄과 4번 줄에서는 포지션이 한 프렛 아래로 이동한다.

▶ D 도리언 스케일 폼 4

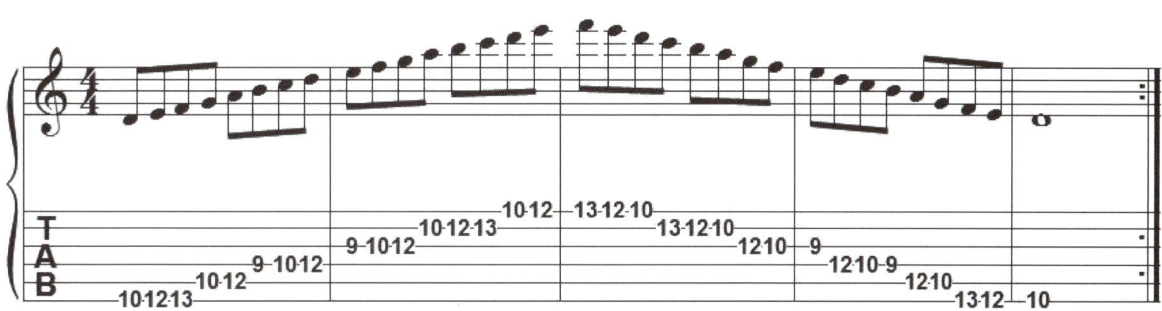

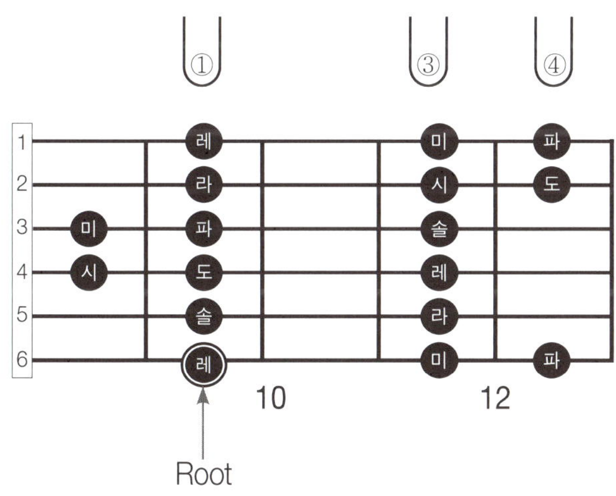

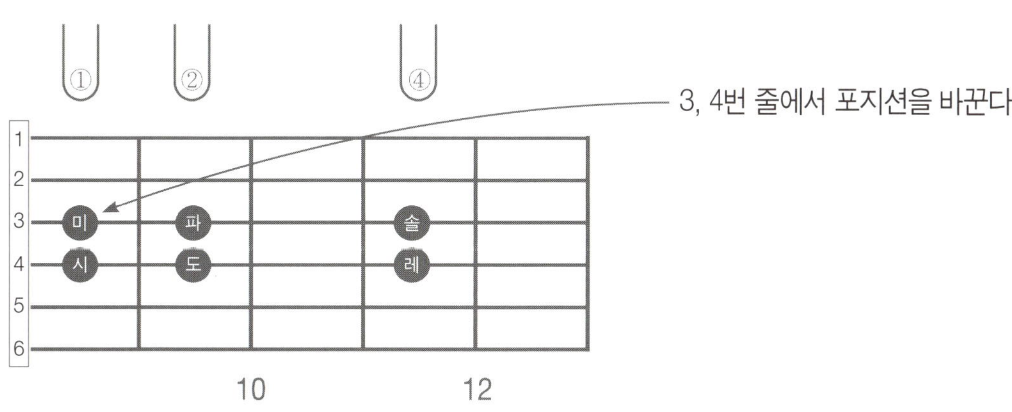

D 도리언 스케일 폼 4의 프레이즈 연습

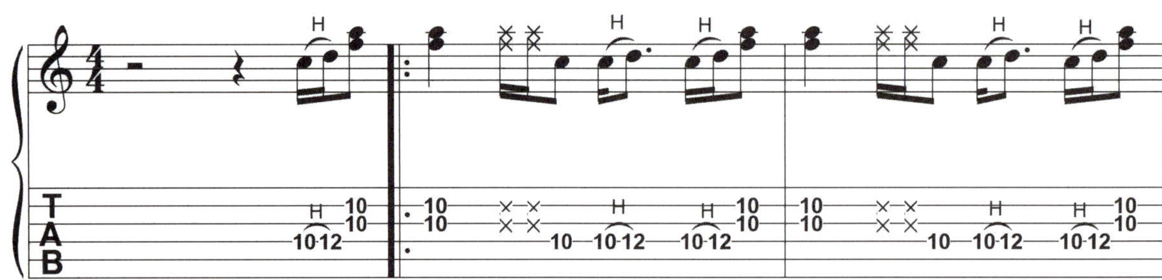

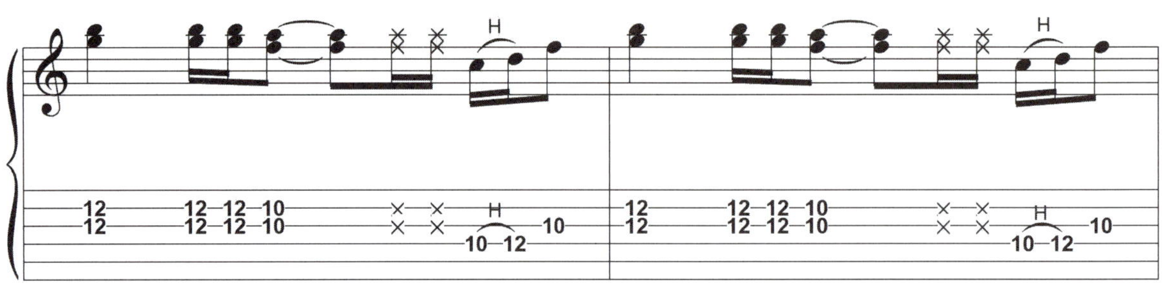

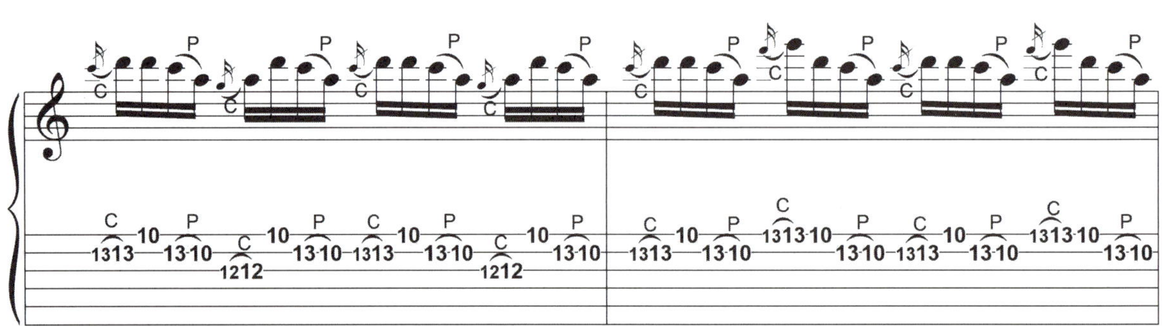

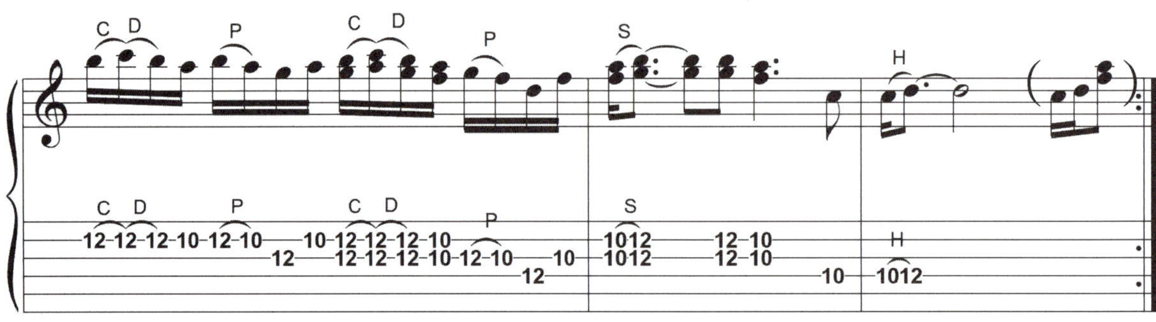

도리언 스케일 폼 5

4번 줄 12프렛에 루트 음 (레)을 기준으로 한 D 도리언 스케일 폼이다. 스케일은 크게 6번 줄과 5번 줄을 루트로 하는 폼이 각각 2개씩 있으며, 4번 줄을 루트로 하는 폼은 6번 줄과 5번 줄 폼을 연결하는 역할로 많이 사용된다.

▶ D 도리언 스케일 폼 5

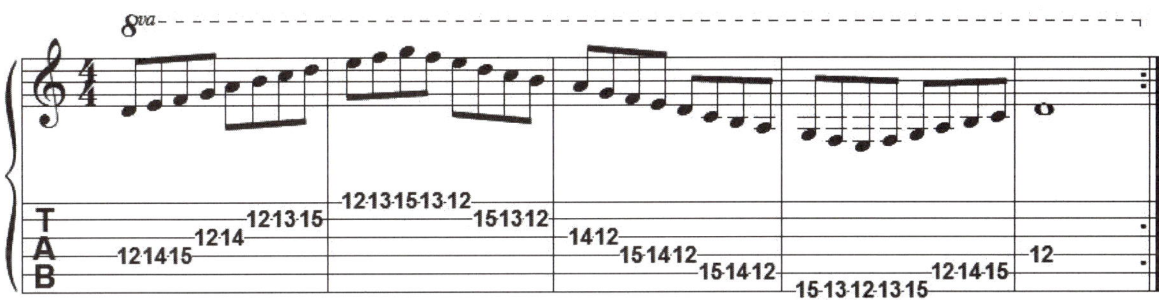

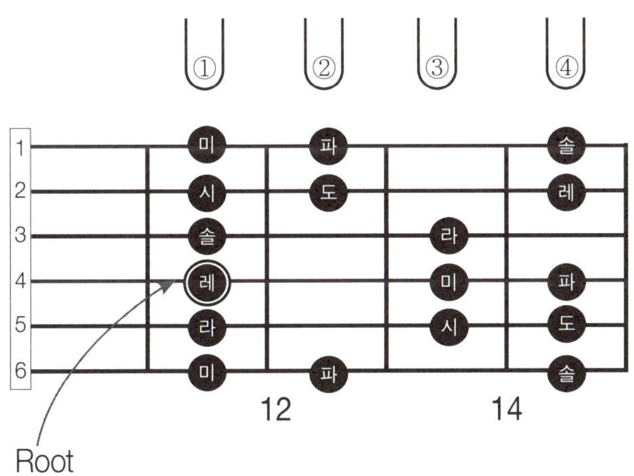

▶ 연습

D 도리언 스케일 폼 5의 프레이즈 연습

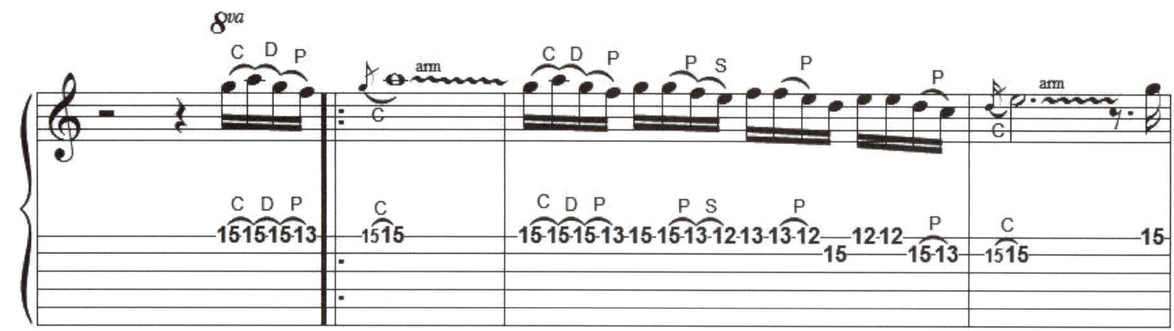

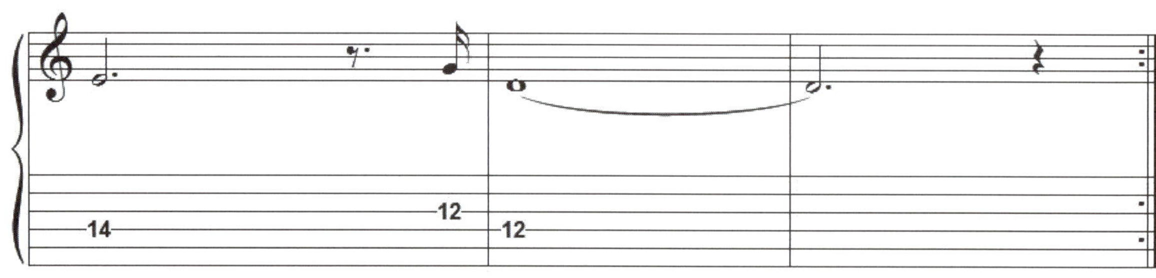

arm : 기타의 트레몰로 암을 의미하며, 이를 사용한 주법에는 비브라토와 암 다운/업이 있다. 핸드 비브라토나 초킹 업/다운보다 큰 폭으로 음정을 변화시킬 수 있으며, 하모닉스 등 다른 테크닉과 조합도 가능하다.

음정을 내리는 암 다운은 arm down 또는 A.D로 표기하며, 음정을 올리는 암 업은 arm up 또는 A.U로 표기한다. 음정을 내리거나 올렸다가 원래 음으로 되돌릴 때는 A.R로 표기한다. 비브라토는 arm vib 또는 A.V로 표기하기도 하지만, arm으로만 표기하는 경우가 더 많다.

실제 녹음 현장에서는 편곡자가 악보에 일일이 주법을 지정하지 않고 연주자에게 맡기는 경우가 많다. 따라서 기타를 공부하는 학생이라면, 좋아하지 않는 장르라도 학습 차원에서 암 테크닉이 많이 등장하는 Hard Rock이나 Heavy Metal 곡을 한두 곡 정도 연습해 보는 것을 권장한다.

2-6 폼의 연결

5가지 도리언 스케일 폼을 살펴보았다. 각각의 폼은 개별적으로 사용되기도 하지만, 실제 연주에서는 인접한 폼을 연결하여 음역을 확장하는 경우가 대부분이다. 다만, 이러한 연습은 각 폼이 충분히 익숙해진 경우에만 응용할 수 있으므로, 개별 폼 연습을 꾸준히 해야 한다.

▶ 연습 1

5개의 폼을 유니즌 초킹으로 연결하는 연습이다. 유니즌 초킹은 두 줄을 동시에 피킹하고, 낮은 음을 초킹하여 같은 음이 동시에 울리도록 하는 주법이다. 예를 들어 시작 위치는 2번 줄 3프렛의 (레)와 3번 줄 5프렛의 (도)를 동시에 연주한 뒤, 3번 줄 (도)을 즉시 초킹하여 (레) 음으로 올리는 것이다. 입문자에게는 많은 연습이 필요한 테크닉이다.

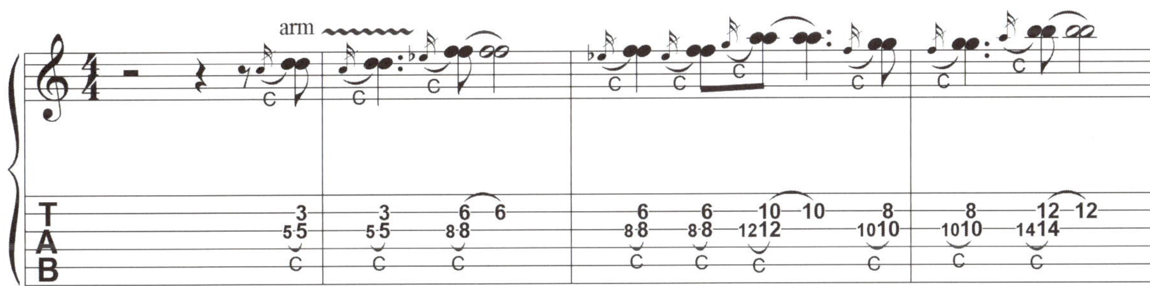

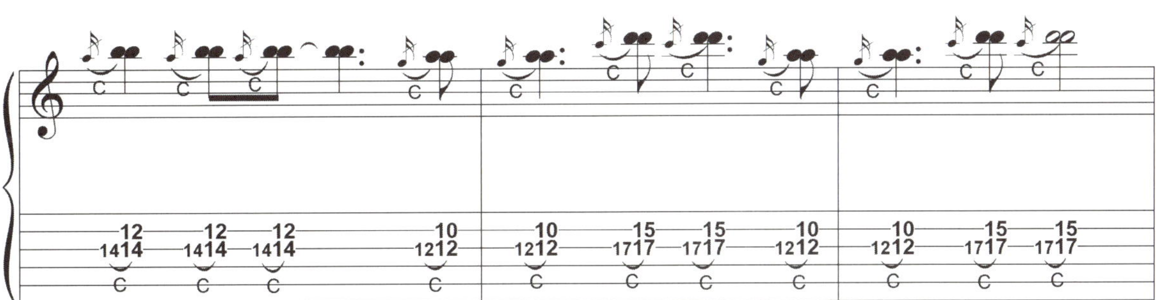

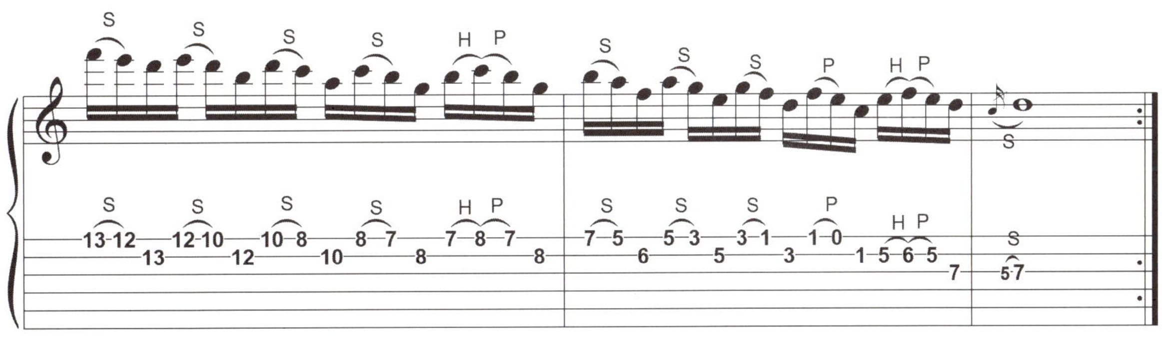

▶ 연습 2

5번 폼에서 2번 폼까지 내려오는 연결이다.

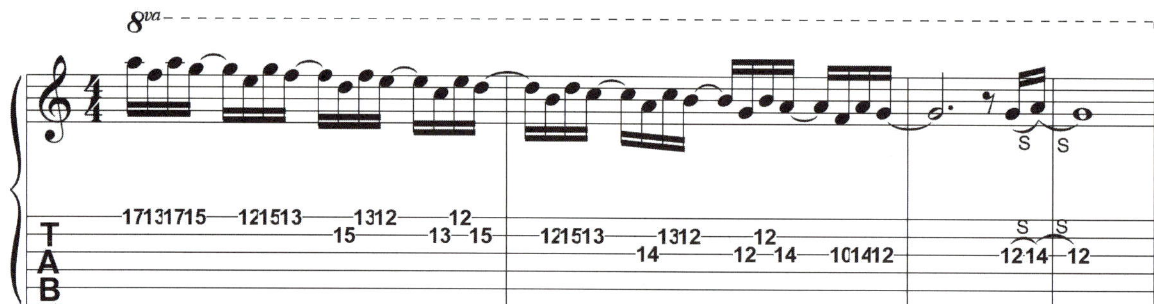

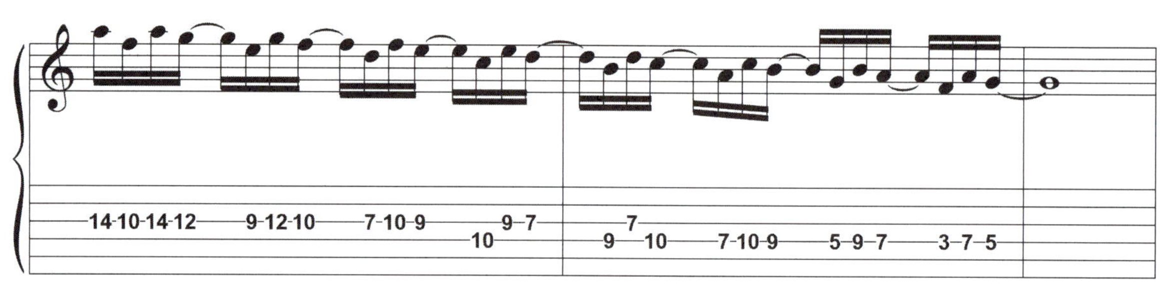

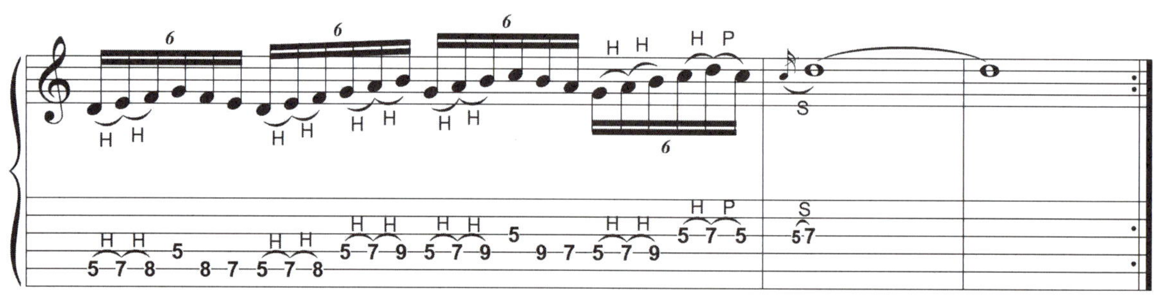

모드 스케일은 메이저 스케일에서 시작하는 음에 따라 이름이 달라진다. 1음에서 시작하면 아이오니언, 2음이면 도리언, 3음이면 프리지언, 4음이면 리디언, 5음이면 믹소리디언, 6음이면 에올리언, 7음이면 로크리언이다. 이름만 다를 뿐, 모두 같은 폼을 사용한다. 예를 들어 C 메이저 스케일을 5번 줄 3프렛을 루트로 연주하면 아이오니언이 된다.

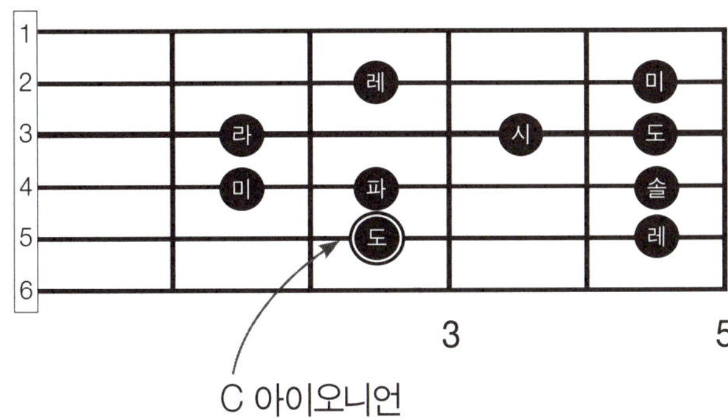

2음 (레)부터 시작하면 D 도리언이 되며, 3음 (미)은 프리지언, 4음 (파)은 리디언, 5음 (솔)은 믹소리디언, 6음 (라)은 에올리언, 7음 (시)은 로크리언이 된다. 결국 모두 C 메이저 스케일과 동일하다

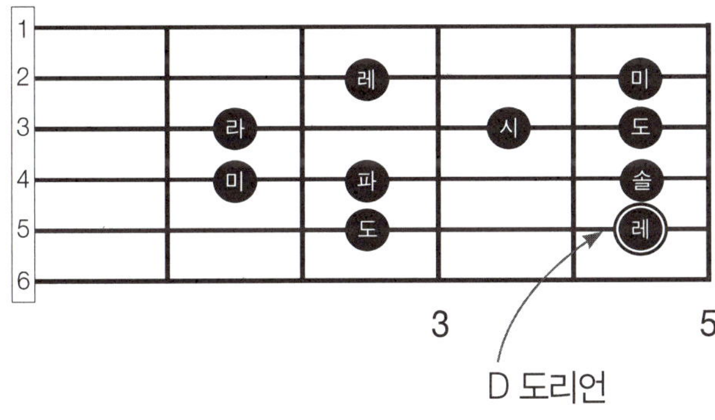

코드도 마찬가지다. C 메이저 스케일의 다이아토닉 코드는 C, Dm, Em, F, G, Am, Bm-5이다. 여기서 2도 Dm부터 시작하면 Dm, Em, F, G, Am, Bm-5, C 순서가 D 도리언 다이아토닉 코드가 된다. 단, 모드에서는 해결이 필요한 감화음이 배제되므로 6도 Bm-5 코드는 사용하지 않는다.

Santana Style Licks

도리언 스케일 학습 편에서 연습할 릭(Lick)은 라틴 록의 선구자로 알려진 기타리스트 카를로스 산타나 (Carlos Santana) 스타일이다. 국내에서 가장 많이 알려진 곡인 Europa는 전공자들이 반드시 카피해야 할 연주 곡 중 하나로 손꼽힌다.

▲ 카를로스 산타나 (Carlos Santana 1947년 7월 20일 ~) : 멕시코에서 태어난 미국의 음악가이자 라틴 록 기타리스트이다. 1960년대 말에서 1970년대 초, 그는 산타나 블루스 밴드를 통해 큰 인기를 끌었다. 살사, 록, 블루스, 재즈가 융합된 그의 음악은 고음에서 클린 기타를 자주 사용하며, 팀발레나 콩가와 같은 라틴 악기들을 활용한다. 카를로스 산타나는 이러한 음악 스타일을 꾸준히 이어왔으며, 1990년대 말부터 다시 큰 인기를 얻기 시작했다. 그의 음반은 전 세계에서 총 8,000만 장 이상 판매되었다.

음반 목록 : Love Devotion Surrender (1973), Illuminations (1974), Oneness-Silver Dreams Golden Reality (1979), The Swing Of Delight (1980), Havana Moon (1983), Blues for Salvador (1987), Santana Brothers (1994) …

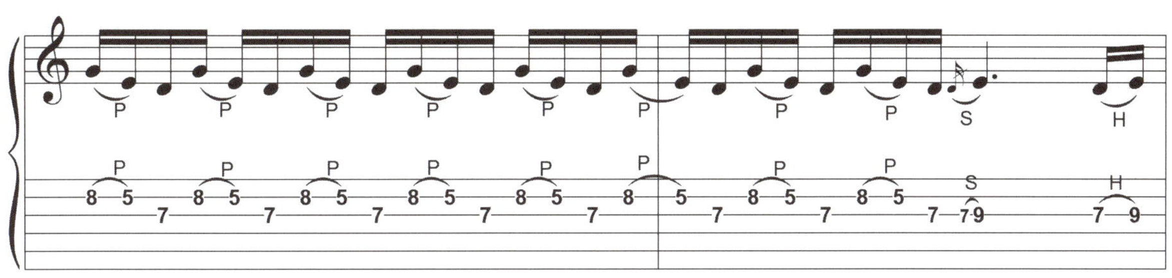

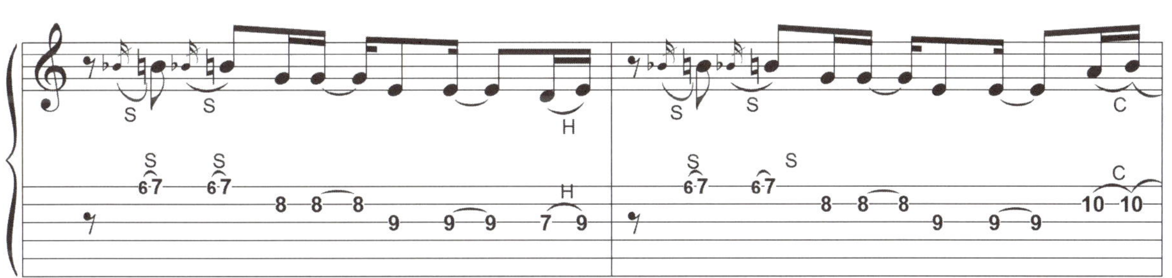

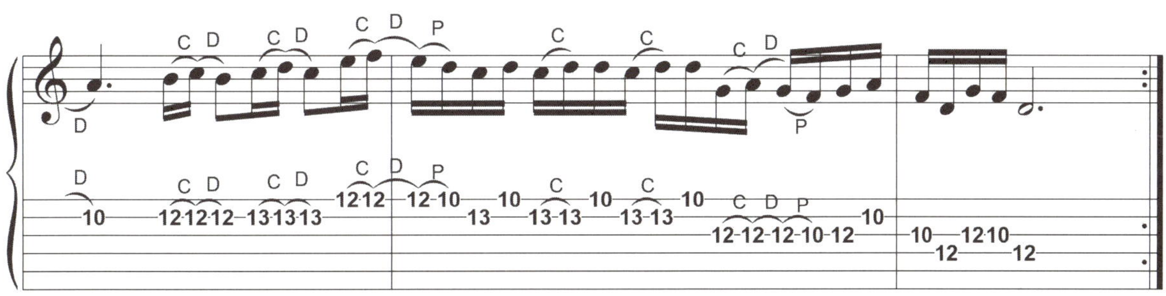

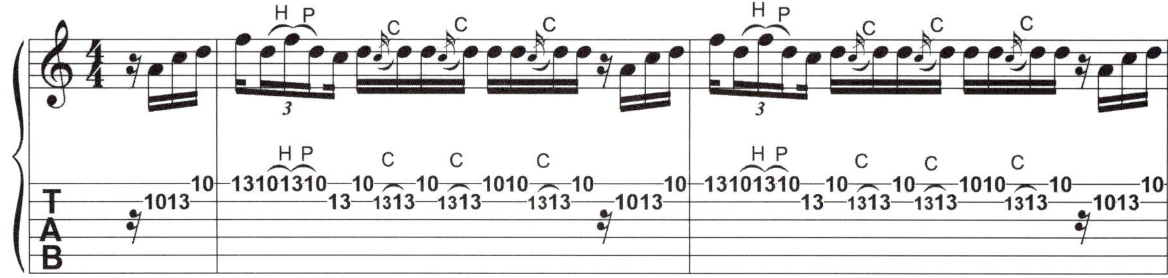

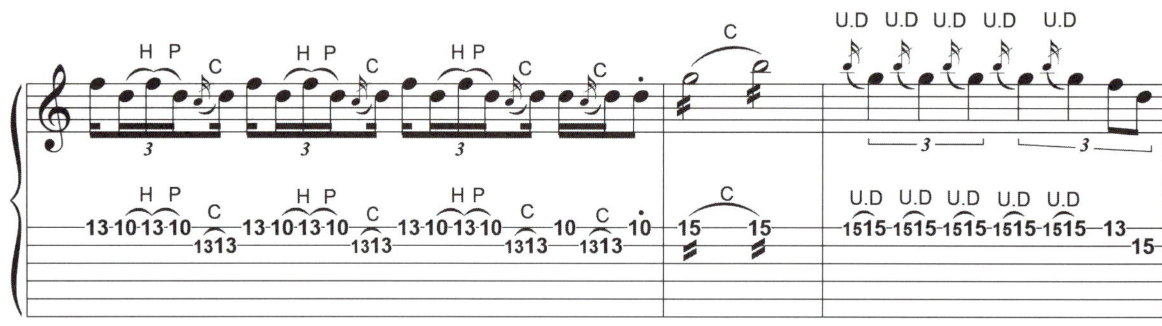

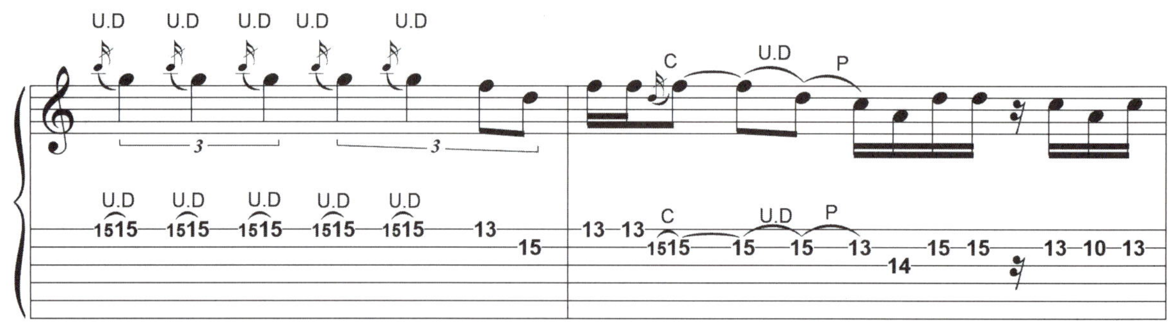

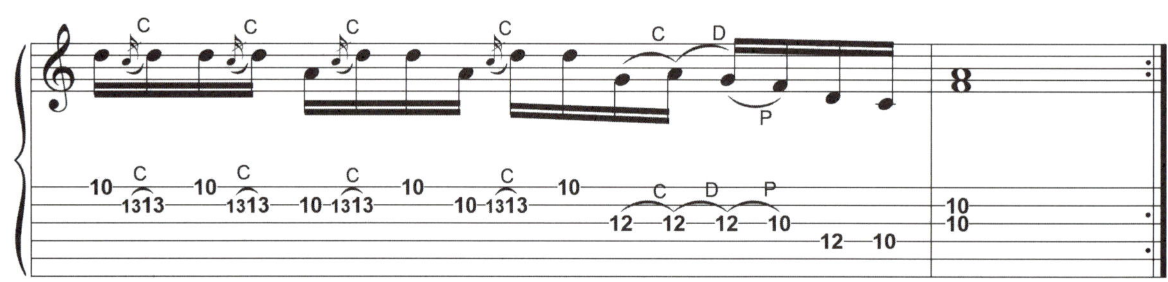

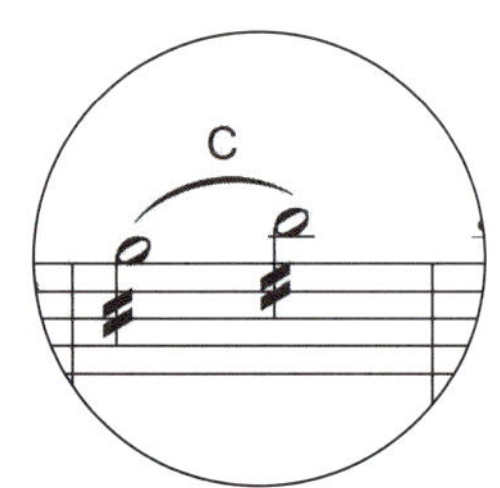

※ 트레몰로
4마디의 트레몰로는 초킹과 함께 피킹을 빠르게 반복하여 연주하는 주법이다.

Licks 3

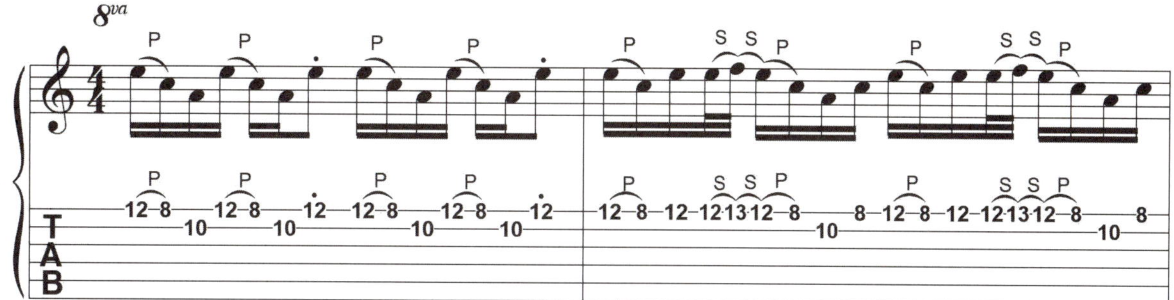

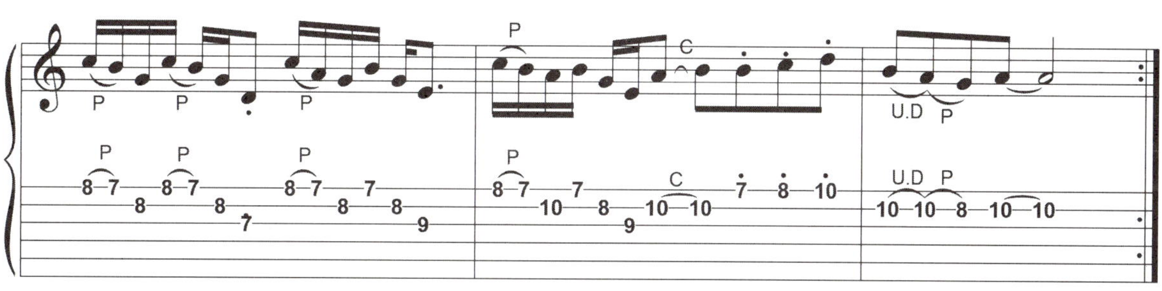

3

프리지언 스케일

03

프리지언 스케일

프리지언은 메이저 스케일의 3음열에서 시작한 것과 동일하다. 예를 들어 C 메이저 스케일을 기준으로 하면, 3음이 (미)이므로, (미, 파, 솔, 라, 시, 도, 레, 미) 순으로 나열되며 간격은 〈반, 온, 온, 온, 반, 온, 온〉이다. 1음과 2음, 5음과 6음이 반음 간격이다. 같은 간격으로 (도)부터 나열하면 C 프리지언 스케일이 되고, (미)부터 나열하면 E 프리지언 스케일이 된다. 프리지언 스케일의 색깔을 나타내는 캐릭터 음은 2음이다.

▶ C 프리지언 스케일

C(도)에서 〈반, 온, 온, 온, 반, 온, 온〉 간격으로 나열한 스케일로, Ab 메이저 스케일과 동일하다.

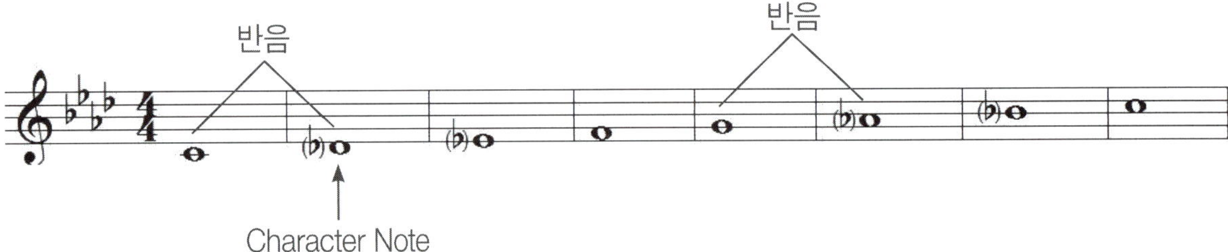

▶ E 프리지언 스케일

E(미)에서 〈반, 온, 온, 온, 반, 온, 온〉 간격으로 나열한 스케일로, C 메이저 스케일과 동일하다.

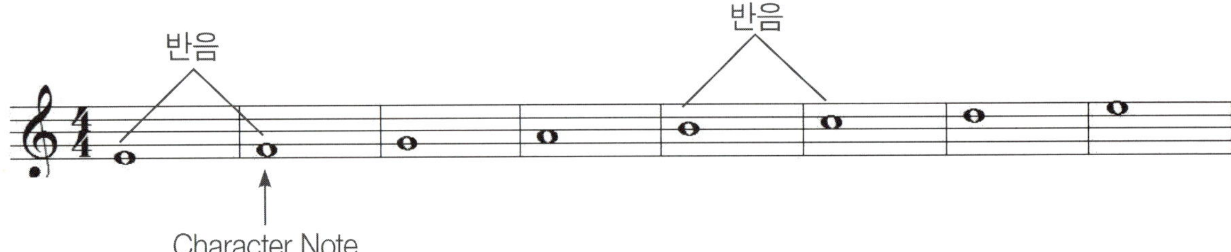

3-1 프리지언 스케일 폼 1

연습은 루트가 (미)인 E 프리지언으로 한다. 프리지언은 메이저 스케일의 3음열에서 만들어지므로, E음을 3음으로 포함하는 C 메이저 스케일과 동일하다.

▶ E 프리지언 스케일 폼 1

기타에서 가장 낮은 음인 6번 줄 개방현(미)을 루트로 한 E 프리지언 스케일 폼이다.
개방현 폼은 줄 번호 왼쪽에 표시되며, 타브 악보에서는 0으로 표기된다.

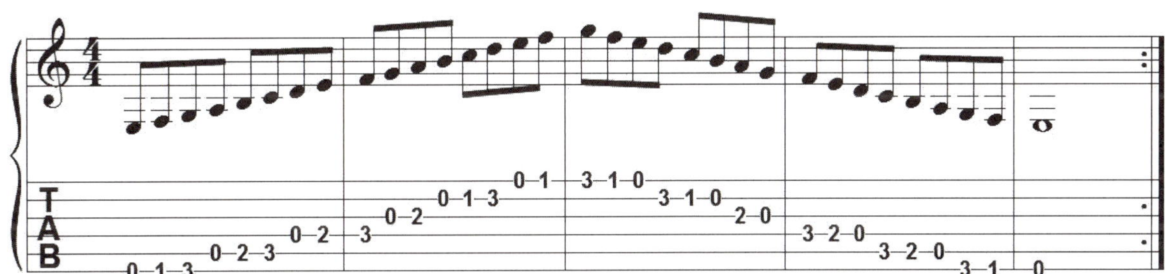

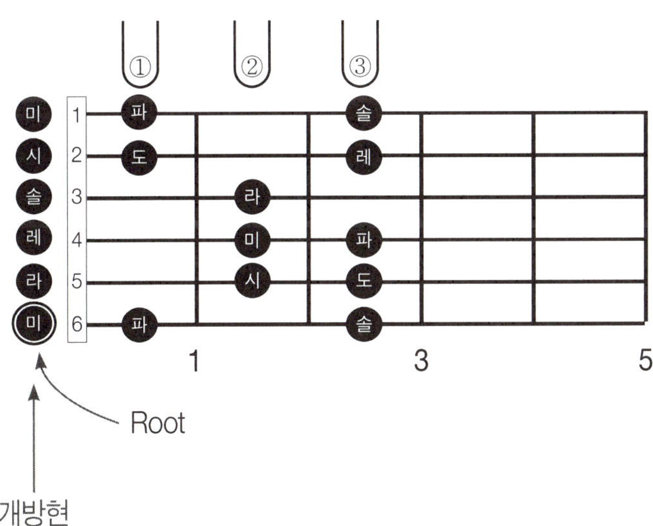

E 프리지언 스케일 폼 1의 프레이즈 연습

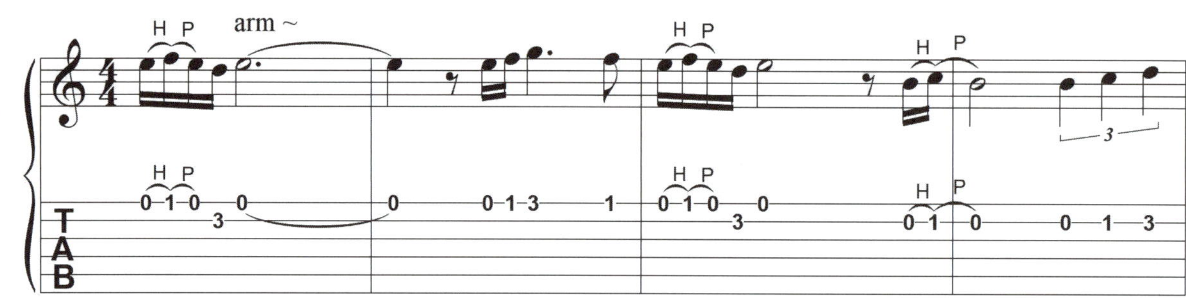

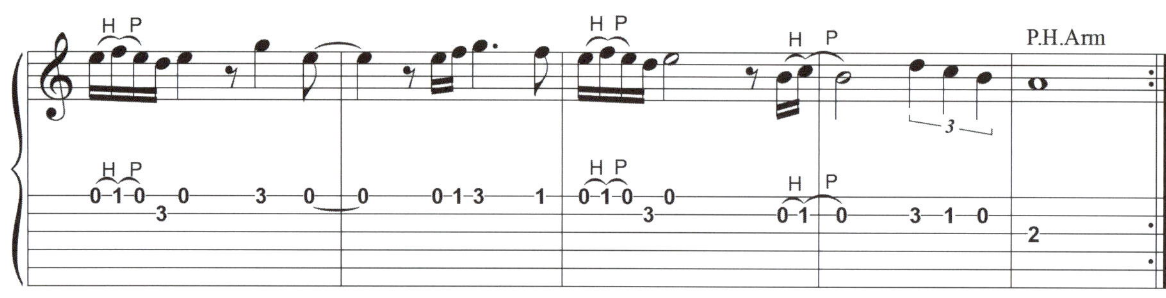

※ 하모닉스 주법

악보에 표기된 음보다 한 옥타브 높은 소리를 내는 하모닉스 주법에는 '내추럴 하모닉스' 와 '피킹 하모닉스' 두 가지가 있다.

a) 내추럴 하모닉스

5, 7, 12 프렛 등 하모닉스 음을 내기 쉬운 위치의 바(Bar)에 손가락을 줄 위에 가볍게 대고, 피킹과 동시에 떼어 소리를 내는 방법이다. 악보에서는 Harm 문자를 표기하거나 음표 머리를 마름모꼴로 표시한다.

b) 피킹 하모닉스

피킹할 때 피크를 쥔 엄지손가락을 줄에 대어 소리를 내는 방법으로, 악보에는 Ph로 표기한다. 연습 악보의 PH. Arm은 피킹 하모닉스와 함께 트레몰로 암을 움직이는 테크닉이다.

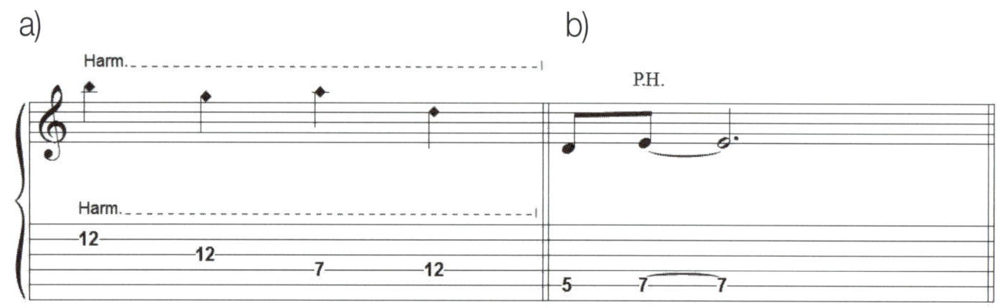

3-2 프리지언 스케일 폼 2

E 프리지언 스케일 폼 2이다. 4번 줄 2프렛의 루트(미)를 1번 손가락으로 시작한다.

▶ E 프리지언 스케일 폼 2

4번 줄 2프렛이 루트(미)인 E 프리지언 스케일 폼이다. 2번 줄에서 포지션 이동이 있으며, 6번 줄 1프렛(파)은 1번 손가락, 1번 줄(시)은 4번 손가락을 벌려 연주한다.

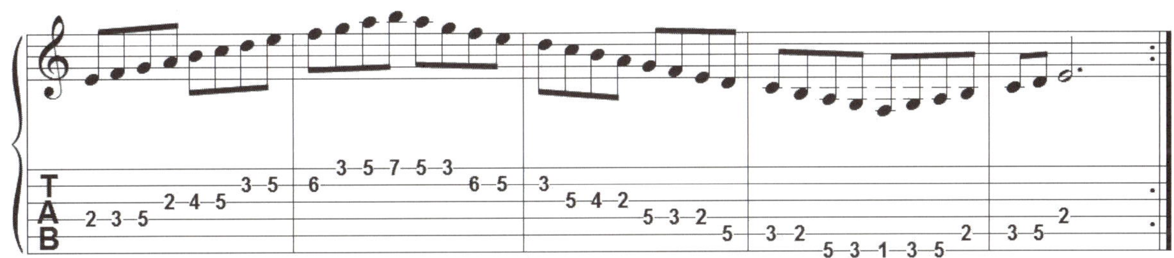

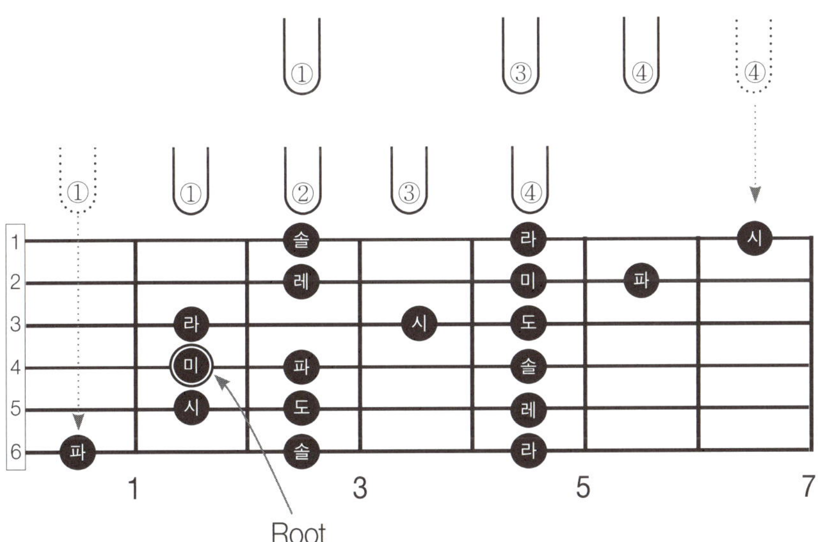

E 프리지언 스케일 폼 2의 프레이즈 연습

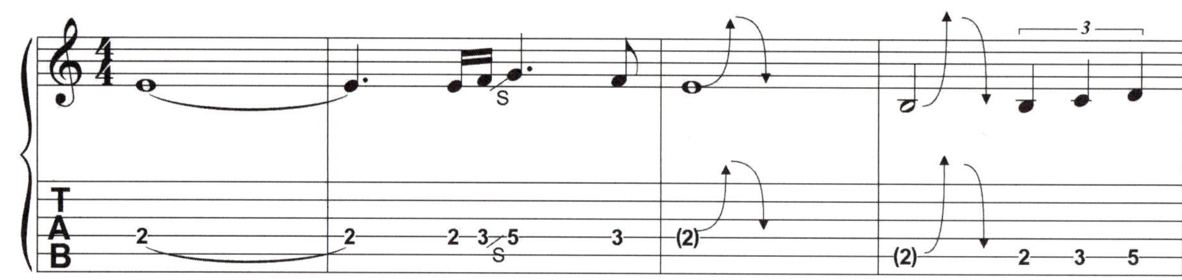

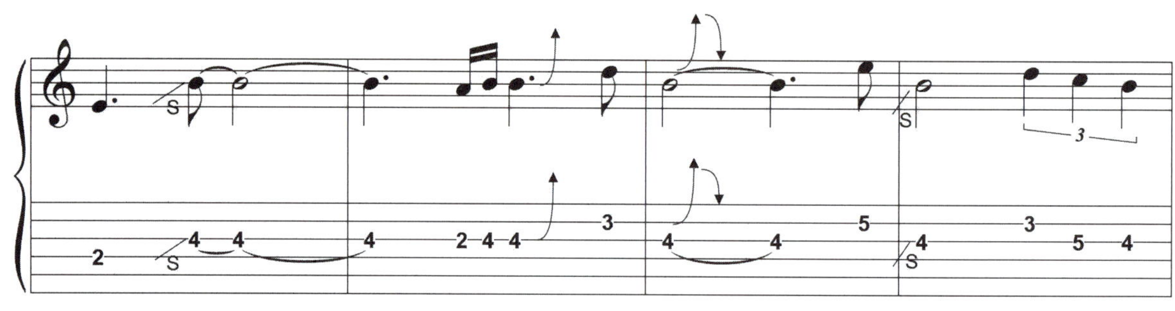

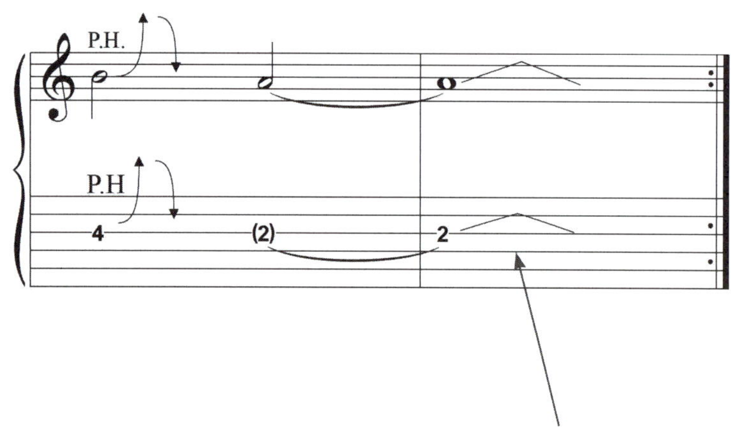

슬라이드 업/다운 : 엔딩에서는 보통 별도의 표기가 없어도 슬라이드 다운으로 마무리한다. 그러나 로우 포지션에서 끝날 경우, 슬라이드 다운할 공간이 부족하므로 먼저 슬라이드 업을 한 뒤 다시 다운으로 마무리하는 경우도 많다.

프리지언 스케일 폼 3

E 프리지언 스케일 폼 30이다. 5번 줄 7프렛의 루트(미)를 3번 손가락으로 시작한다.

▶ E 프리지언 스케일 폼 3

5번 줄 7프렛이 루트(미)인 E 프리지언 스케일 폼이다. 3번 줄에서 포지션이 이동했다가 다시 원래 위치로 돌아온다.

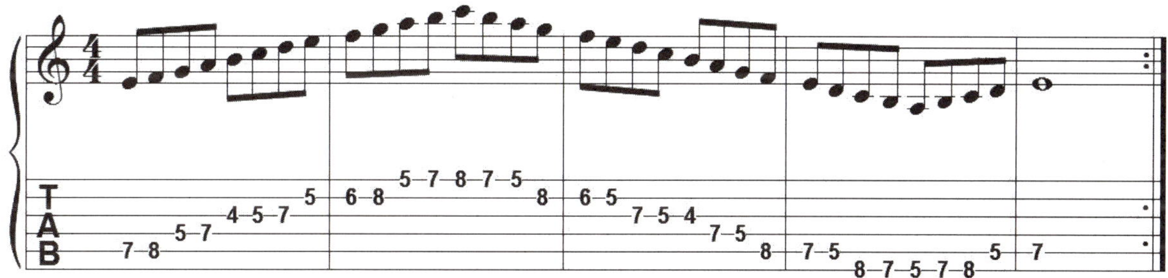

포지션 이동은 3번 줄에서만 일어난다.

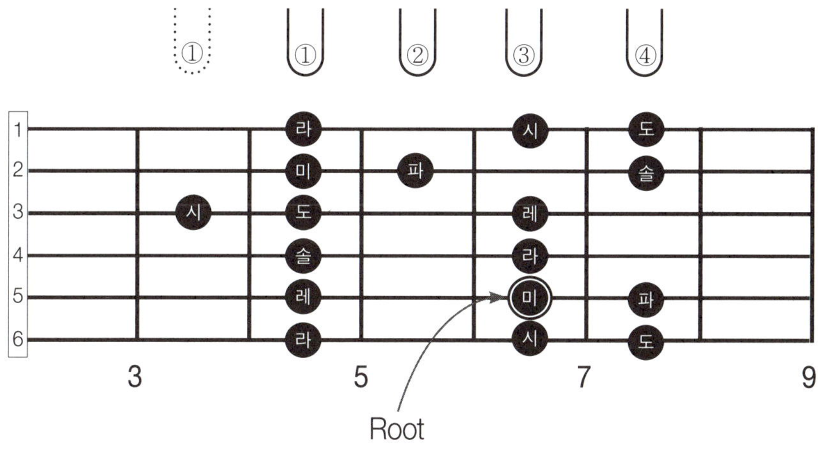

▶ 연습

E 프리지언 스케일 폼 3의 프레이즈 연습

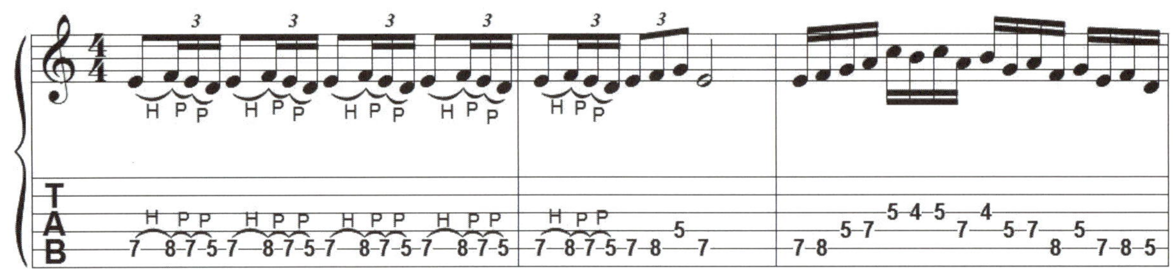
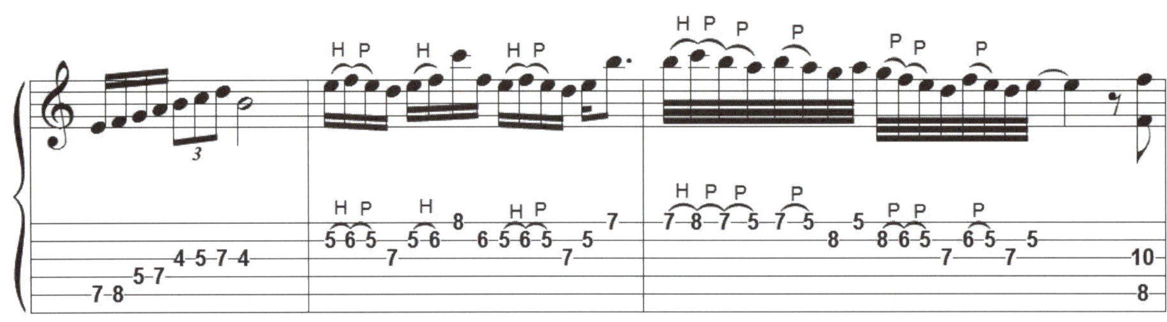
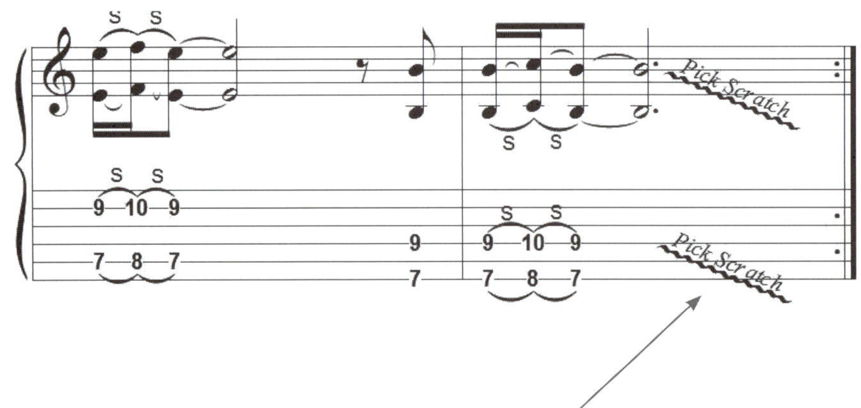

피크 스크래치 : 4~6번 줄에 피크의 날 부분을 대고 넥 방향으로 긁듯이 쓸어 내리는 주법이다. 브리지 방향으로 올리거나, 내렸다가 올리는 등 느낌에 따라 자유롭게 연주할 수 있다. 악보에는 Pick Gliss 또는 Pick Portamento로 표기하는 경우도 있다.

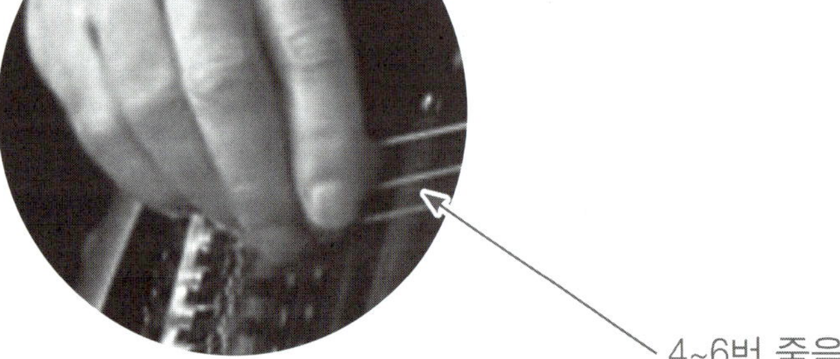

4~6번 줄을 피크의 날로 긁는다.

프리지언 스케일 폼 4

E 프리지언 스케일 폼 4이다. 루트 위치는 폼 3과 동일하게 5번 줄 7프렛이지만, 시작하는 손가락이 1번이라는 점이 다르다.

▶ E 프리지언 스케일 폼 4

루트(미)가 5번 줄 7프렛에 위치하며, 1번 손가락으로 시작하는 E 프리지언 스케일 폼이다.

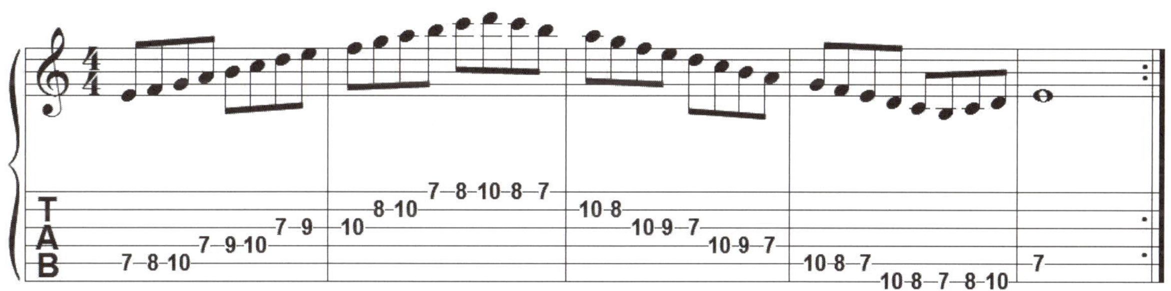

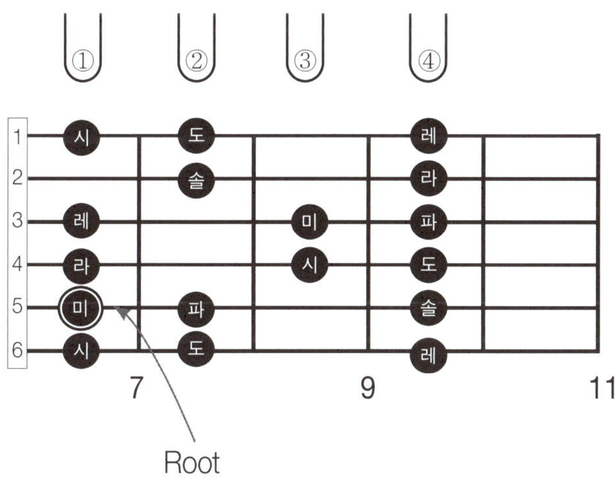

3-5 프리지언 스케일 폼 5

E 프리지언 스케일 폼 5이다. 루트(미)는 6번 줄 12프렛에 위치하며, 4번 손가락으로 시작한다.

▶ E 프리지언 스케일 폼 5

루트(미)가 6번 줄 12프렛에 위치하며, 4번 손가락으로 시작하는 E 프리지언 스케일 폼이다. 6번 줄(라)와 5번 줄(파)은 1번 손가락을 벌려서 연주하며, 2번 줄에서 포지션 이동이 있다.

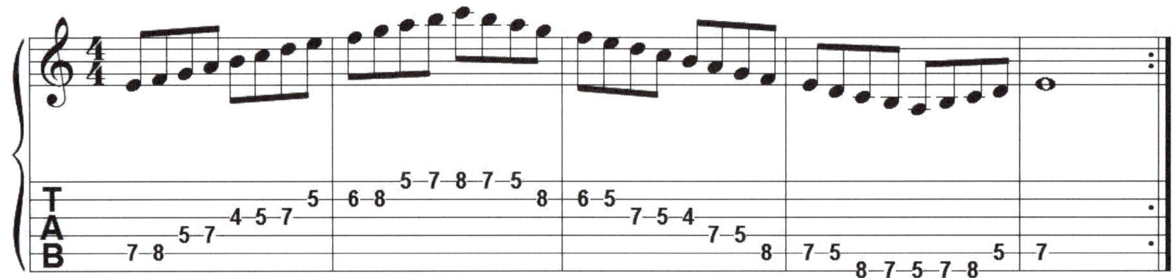

2번 줄에서 포지션이 이동된다.

5번과 6번 줄은 1번 손가락을 벌려서 연주한다.

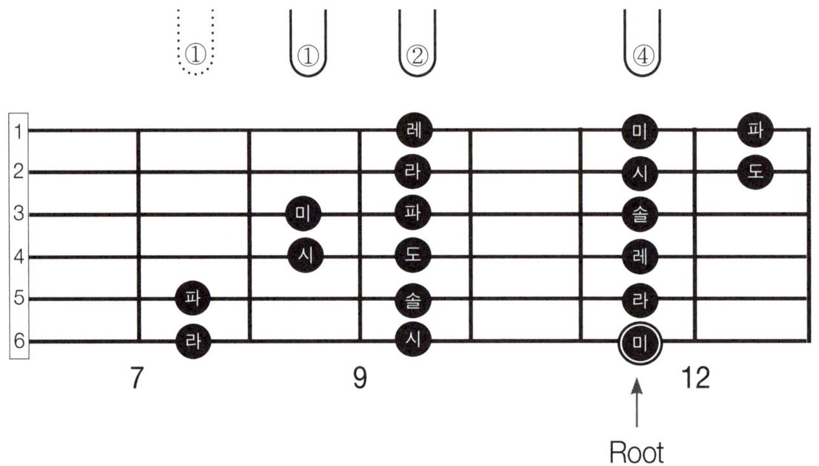

E 프리지언 스케일 폼 4의 프레이즈 연습

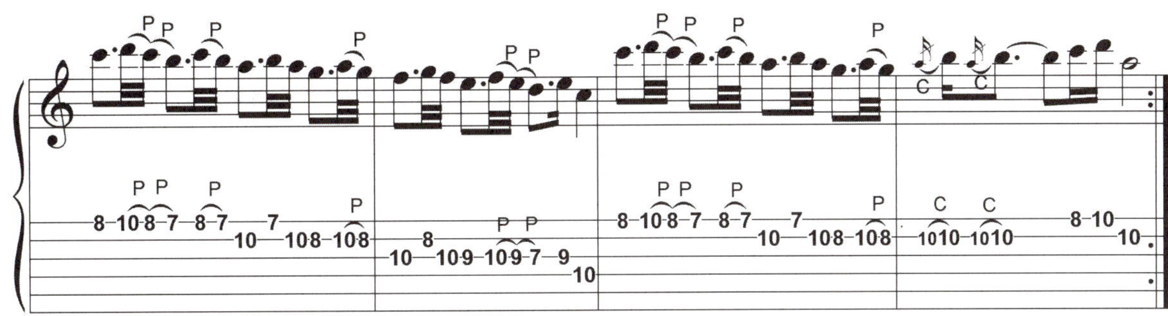

E 프리지언 스케일 폼 5의 프레이즈 연습

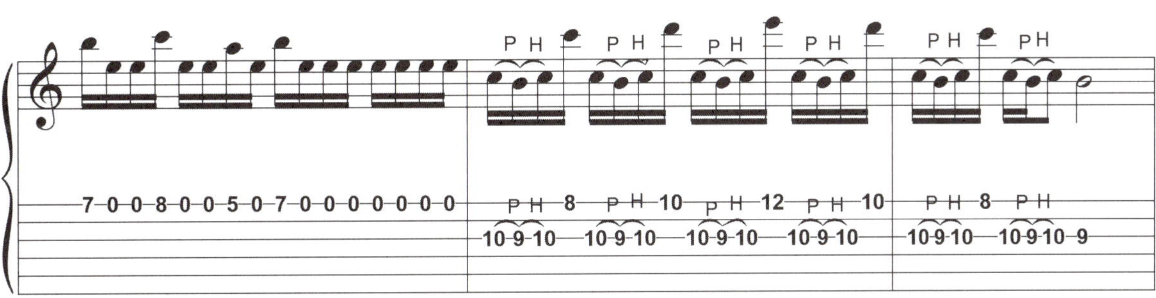

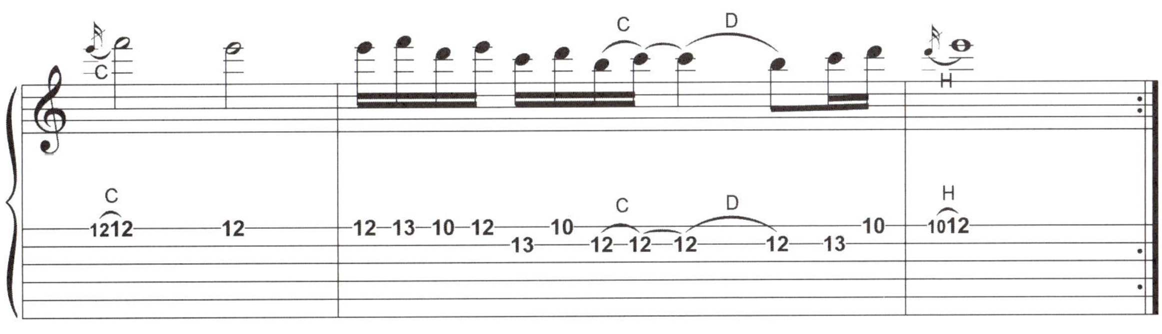

Yngwie Malmsteen Style Licks

프리지언 스케일 학습 편에서 연습할 릭(Lick)은 바로크 메탈의 창시자로 알려진 기타리스트 잉베이 말름스틴(Yngwie Malmsteen) 스타일이다. 그의 피킹 터치감과 정확성은 최고라는 평가를 받으며, 오버드라이브나 디스토션이 가득한 속주는 일반적인 연습량으로는 흉내조차 내기 어렵다.

▲ 잉베이 조핸 말름스틴 (Yngwie Johan Malmsteen, 1963년 6월 30일 ~) : 국내에서는 영어 발음인 '잉위 맘스틴' 으로 알려진 스웨덴 출신의 작곡가 겸 기타리스트이다. 클래식을 메탈 록에 접목시킨 네오 클래시컬 메탈(바로크 메탈) 장르의 개척자로, 스윕 피킹을 비롯한 다양한 속주 테크닉을 선보이며 헤비메탈 연주에 혁명을 일으킨 인물로 평가받는다. 팬들과 평론가들은 그를 록 역사상 가장 위대한 기타리스트 중 한 명으로 손꼽는다.

음반 목록 : Rising Force (1984), Trilogy (1986), Fire & Ice (1992), Double Live (1998), Marching Out (1985), Odyssey (1988), The Seventh Sign (1994), Trial by Fire: Live in Leningrad (1989), Concerto Suite for Electric Guitar and Orchestra (1988) …

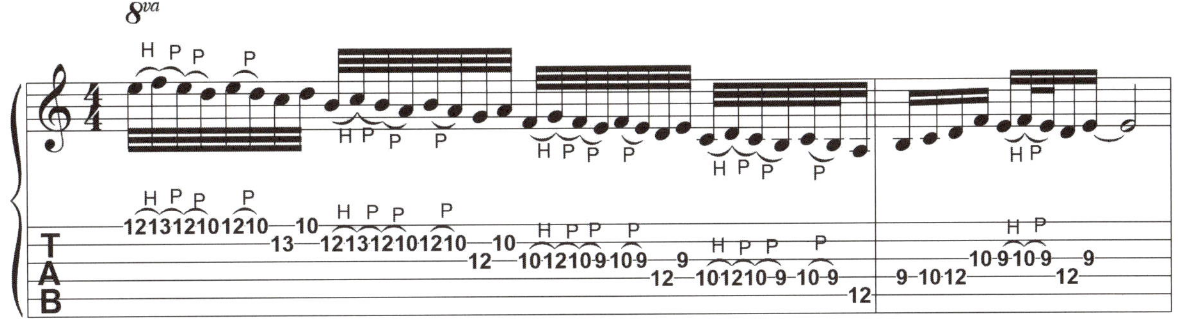

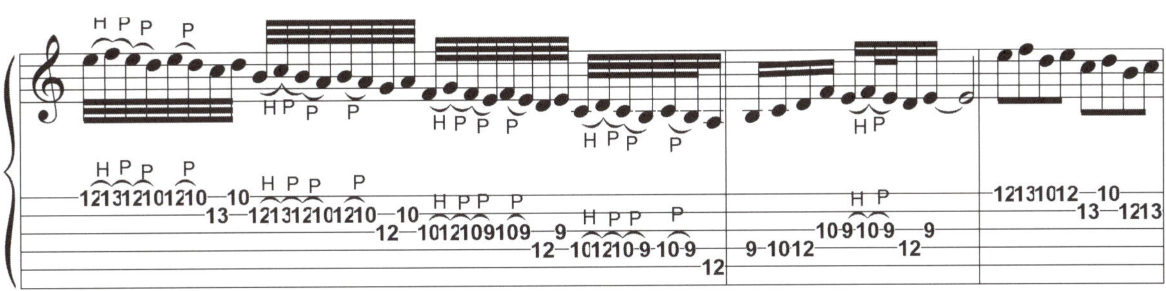

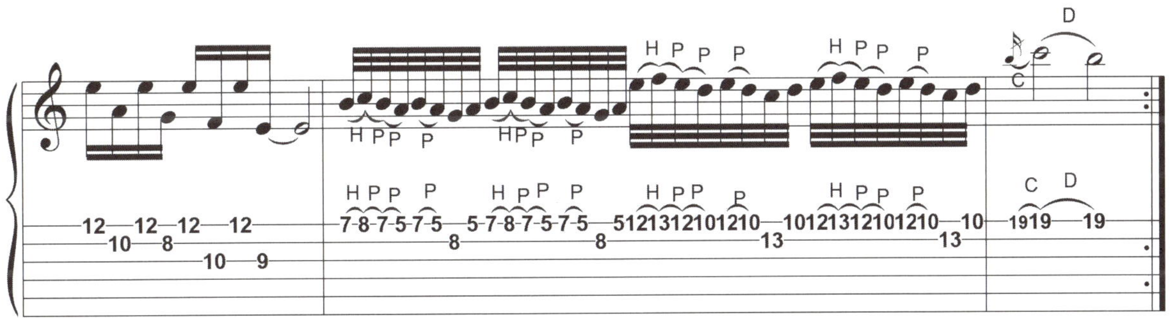

▶ 프리지언 도미넌트

프리지언 스케일에서 3음을 반음 올린 스케일로, 주로 5도 코드에서 많이 사용된다. 이 스케일은 이국적인 분위기를 연출하며, 장르를 가리지 않고 폭넓게 활용되기 때문에 스페니쉬 프리지언, 헤비 프리지언 등 다양한 이름으로 불리기도 한다. 기존 프리지언 스케일과 비교하면 3음만 달라지므로, 기존 프리지언 폼과 함께 연습하면 효과적이다.

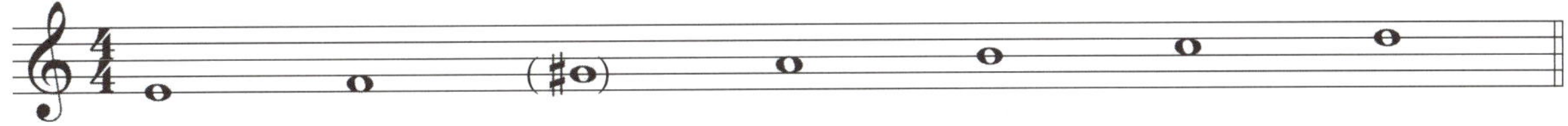

▶ Licks 2

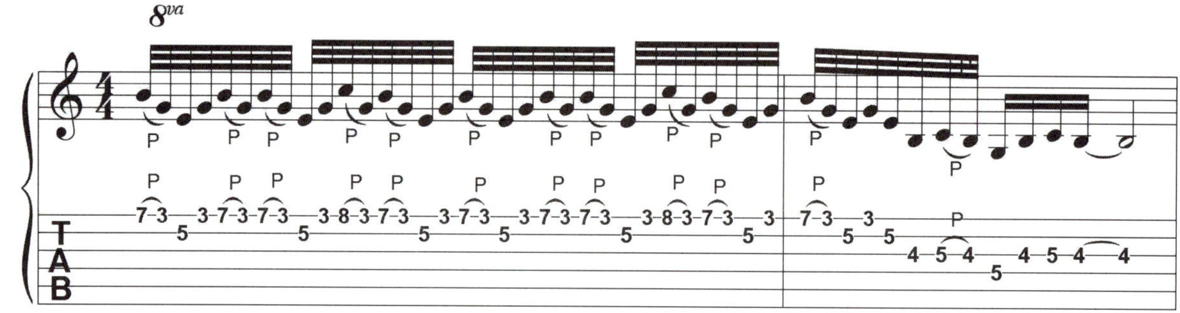

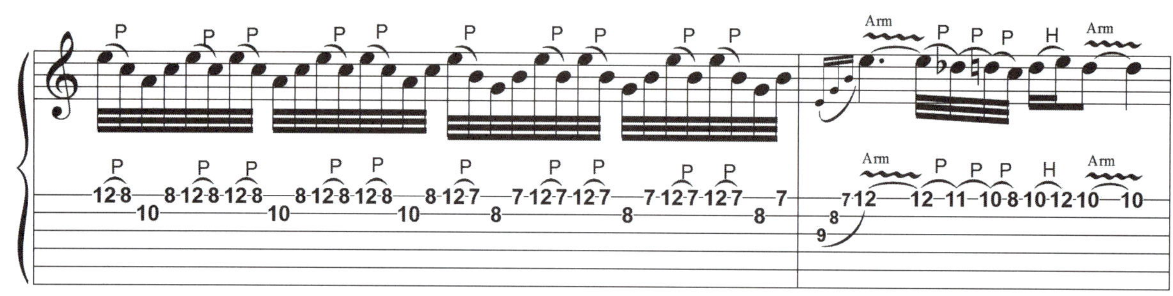

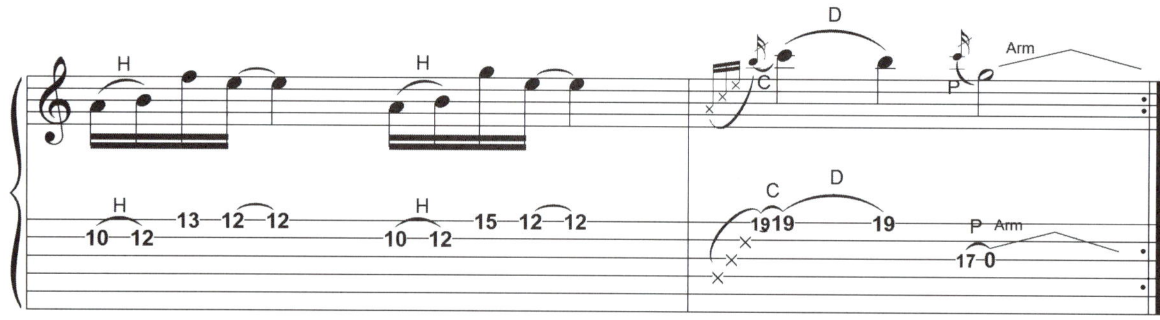

▶ Licks 3

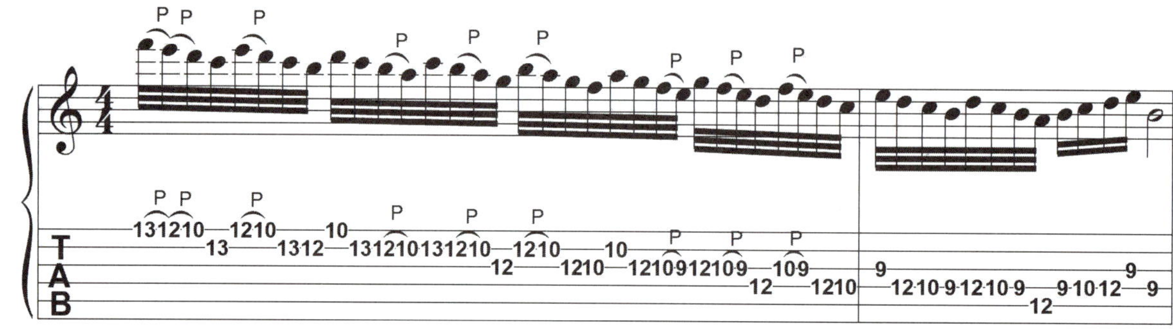

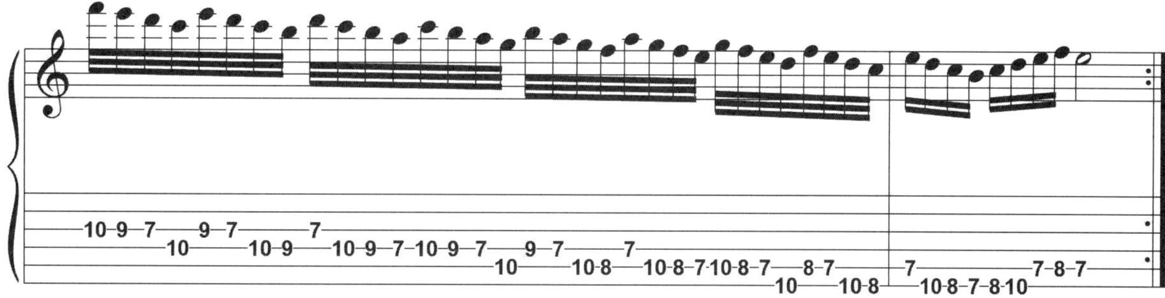

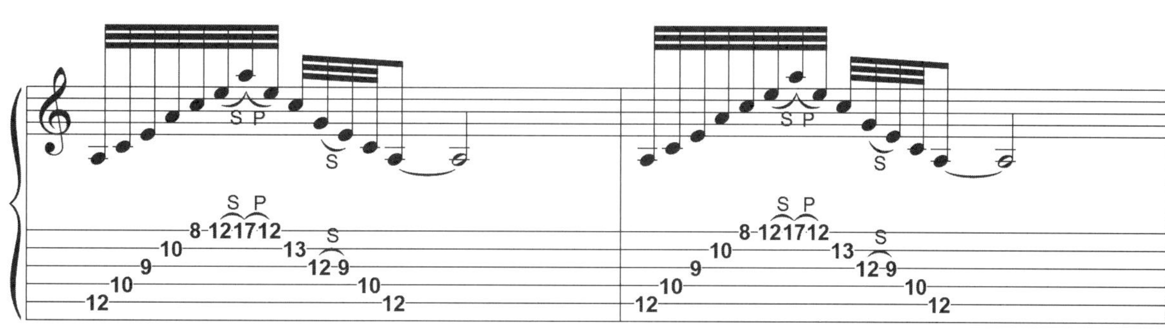

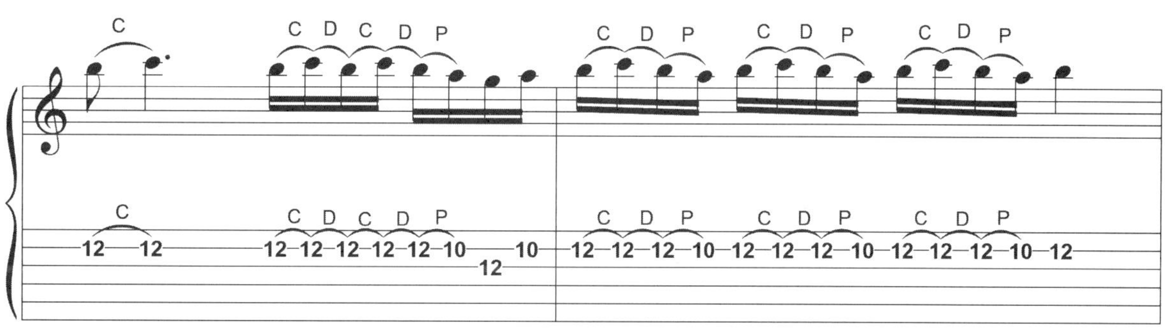

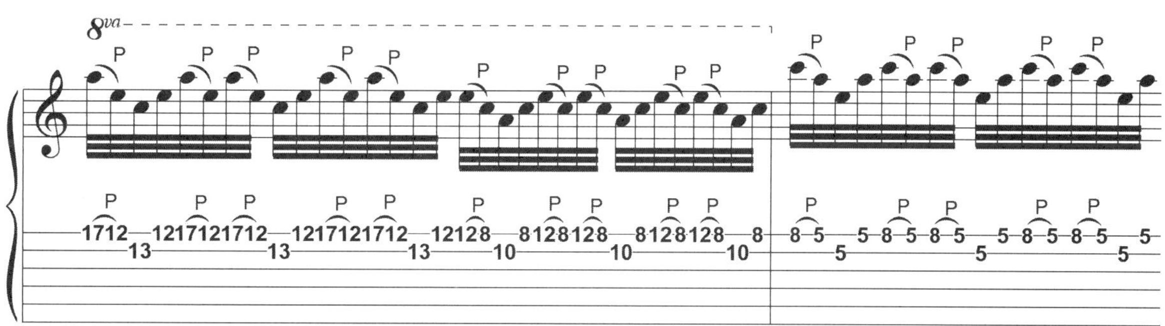

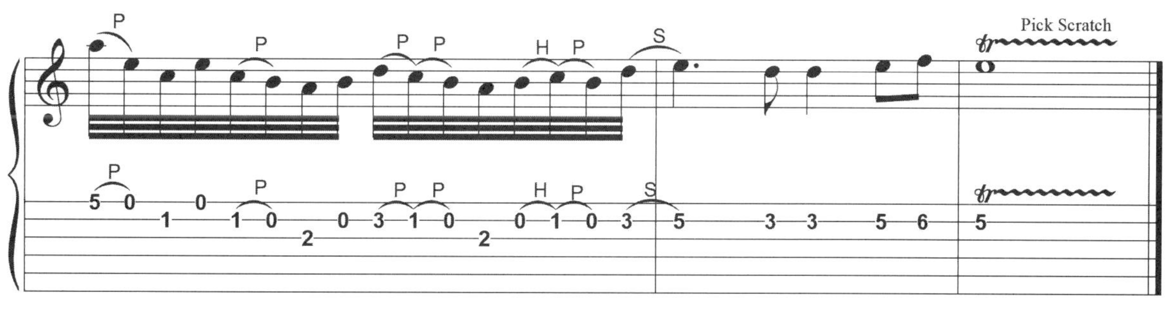

4

리디언 스케일

리디언 스케일

리디언은 메이저 스케일의 4음열에서부터 나열한 것과 동일하다. C 메이저 스케일을 예로 들면, 4음이 (파)이므로, (파, 솔, 라, 시, 도, 레, 미, 파)로 나열되어 〈온, 온, 온, 반, 온, 온, 반〉 간격이다. 4음과 5음, 7음과 8음이 반음 간격이며, 같은 간격으로 (도)부터 나열하면 C 리디언 스케일이 된다. 리디언 스케일의 색깔을 나타내는 캐릭터 음은 4음이며, 메이저 스케일과 함께 사용된다.

▶ C 메이저 스케일의 4음열

리디언 스케일은 C 메이저 스케일의 4음 (파)에서 시작하여 나열된다. 음의 간격은 〈온, 온, 온, 반, 온, 온, 반〉으로 4음과 5음, 7음과 8음이 반음 간격이며, 리디언 스케일의 특징적인 캐릭터 음은 4음이다.

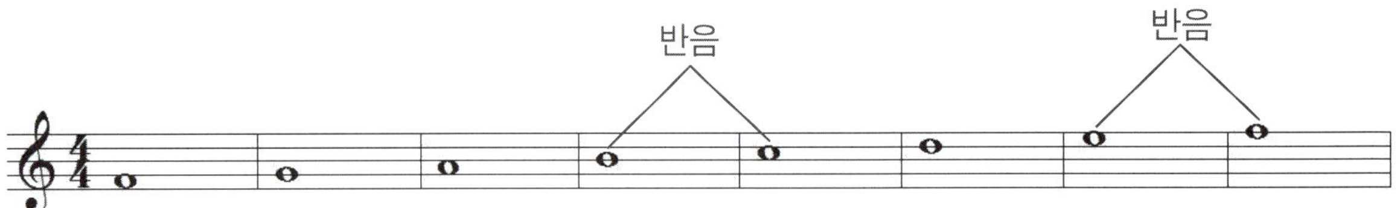

▶ C 리디언 스케일

C(도)에서 〈온, 온, 온, 반, 온, 온, 반〉 간격으로 나열하면 C 리디언 스케일이 되며, 이는 G 메이저 스케일과 동일하다. 리디언 스케일의 특징적인 캐릭터 노트는 4음 (파#)이다.

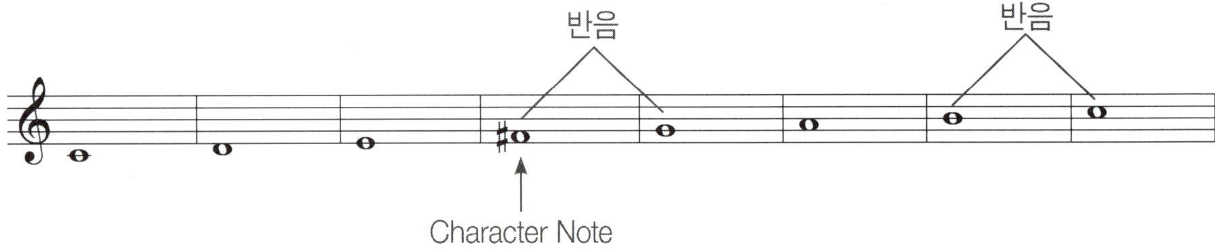

4-1 리디언 스케일 폼 1

연습은 루트가 (도)인 C 리디언으로 한다. 리디언 스케일은 메이저 스케일의 4음열에서 만들어지므로, C음을 4음으로 포함하는 G 메이저 스케일과 동일하다.

▶ C 리디언 스케일 폼 1

5번 줄 3프렛의 (도)를 루트로 하는 C 리디언 스케일 폼이다. C 리디언은 G 메이저 스케일과 동일한 음을 사용하므로, C 메이저 스케일과 함께 활용할 수 있다. 반드시 익숙해질 수 있도록 연습하길 바란다.

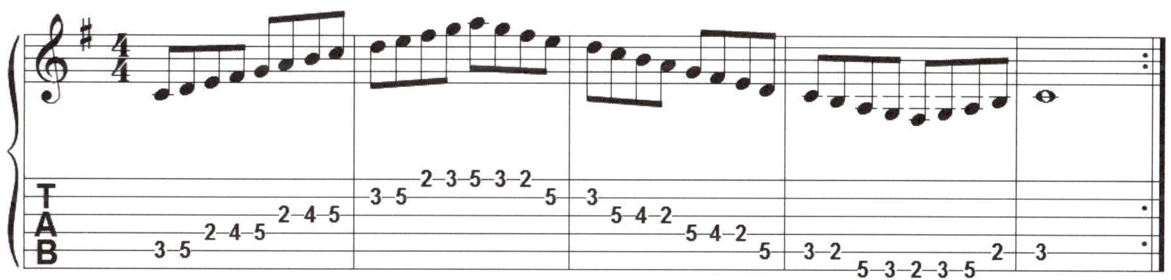

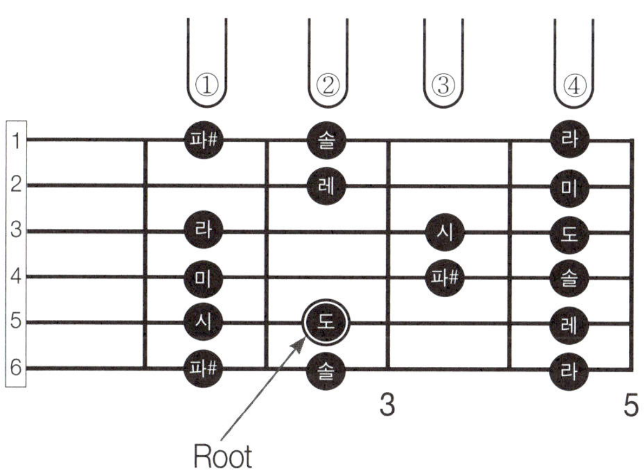

리디언 스케일 폼 2

6번 줄 8프렛의 (도)를 루트로 하는 C 리디언 스케일 폼이다.
리디언 스케일 폼 1과 자연스럽게 연결하여 사용되는 경우가 많다.

▶ C 리디언 스케일 폼 2

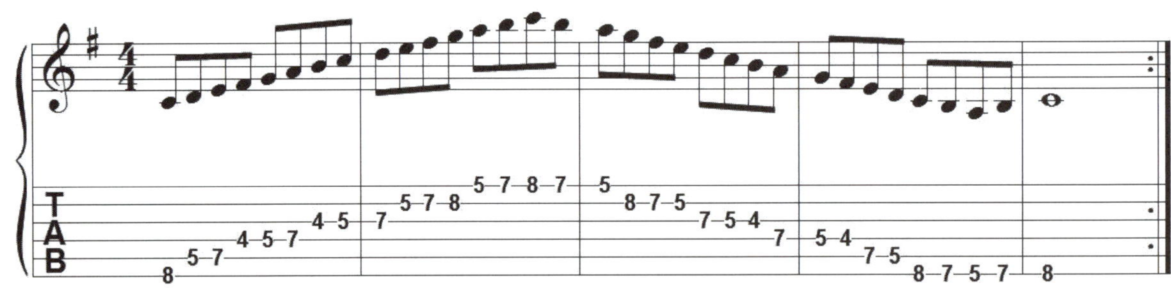

3번과 4번 줄에서 포지션이 이동된다.

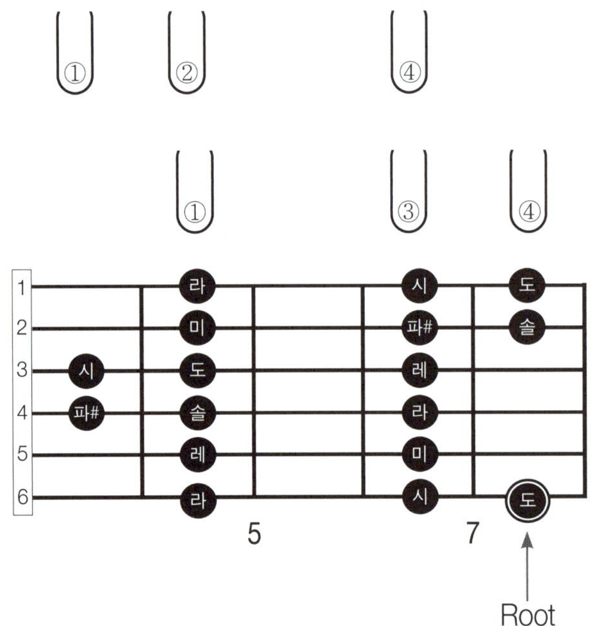

▶ 리디언 스케일 폼 1 연습

C 리디언 스케일 폼 1의 프레이즈 연습

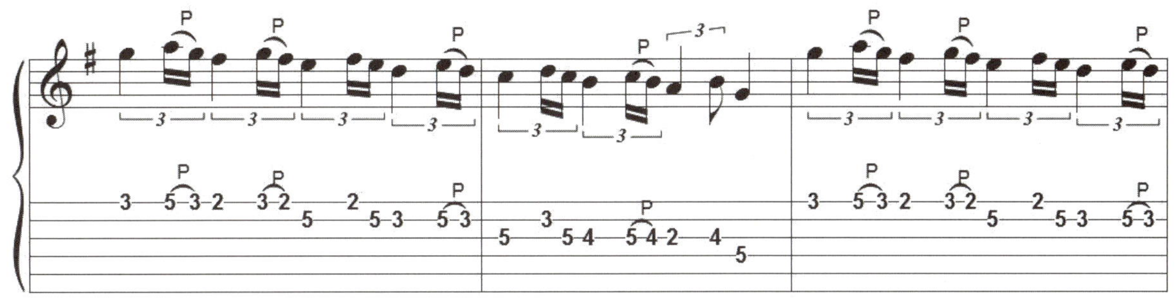

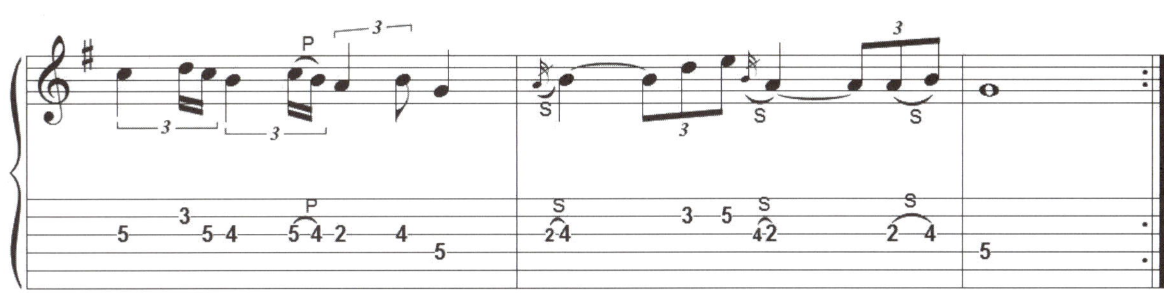

▶ 리디언 스케일 폼 2 연습

C 리디언 스케일 폼 2의 프레이즈 연습

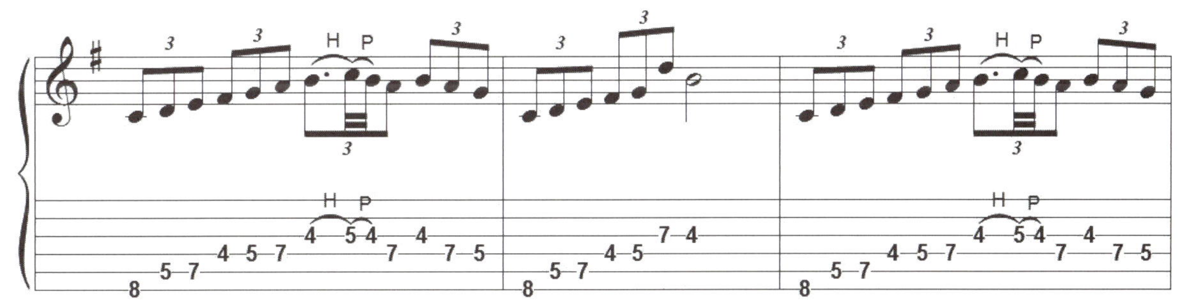

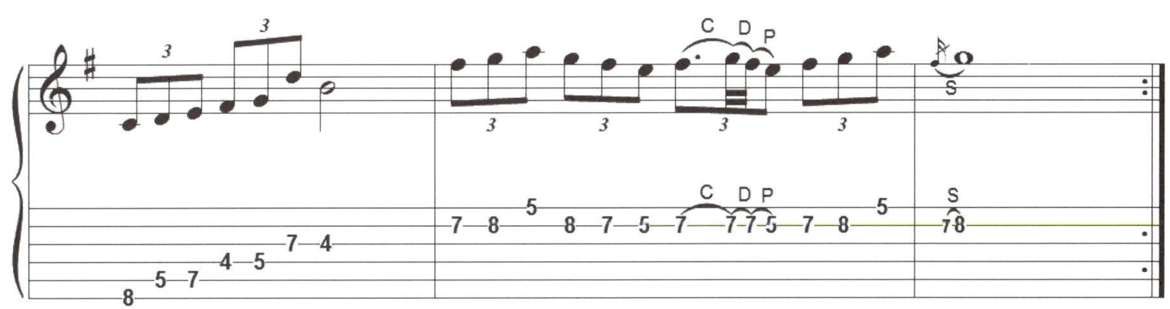

리디언 스케일 폼 3

6번 줄 8프렛이 루트 (도)인 C 리디언 스케일 폼으로, 폼 1과 달리 2번 손가락으로 시작한다는 점이 특징이다. C 메이저 스케일과 함께 연동되어 자주 사용되는 폼이므로, 충분히 익혀 두는 것이 좋다.

▶ C 리디언 스케일 폼 3

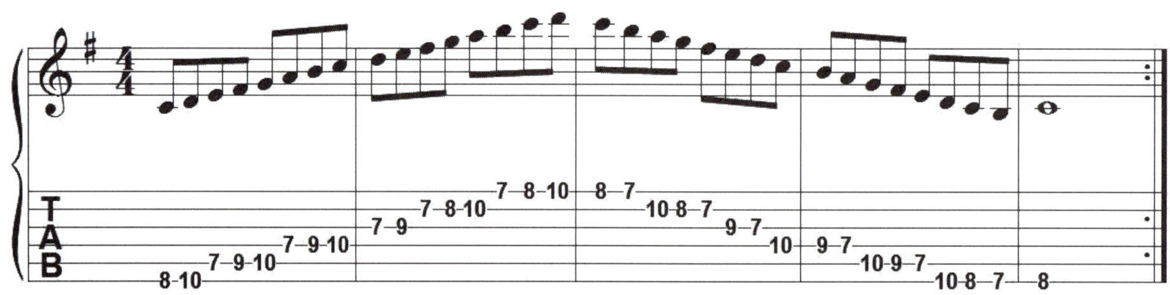

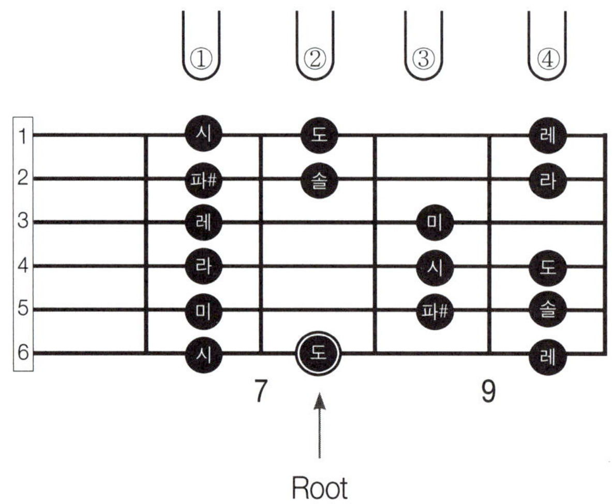

리디언 스케일 폼 4

6번 줄 8프렛이 루트 (도)인 C 리디언 스케일 폼이다. 간혹 6번 줄 루트와 1번 줄 14프렛의 4음을 생략한 단축 폼으로 소개되기도 한다. 손이 작은 경우에는 이렇게 연습하는 것이 유리하며, 이때는 4번 줄 10프렛의 (도)를 루트로 삼아 연주한다.

▶ C 리디언 스케일 폼 4

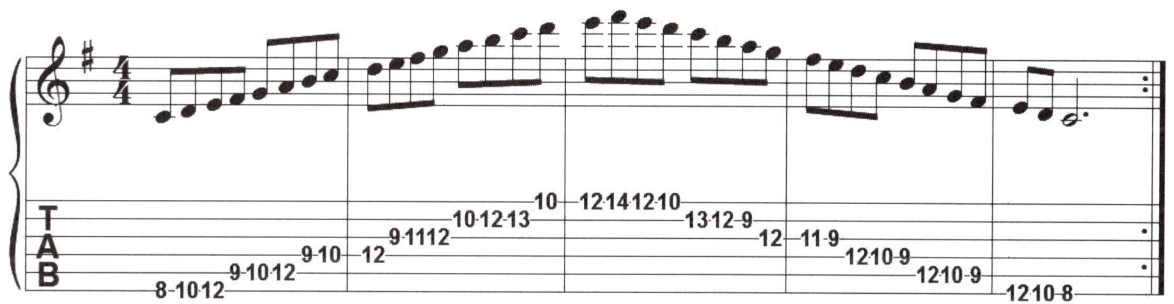

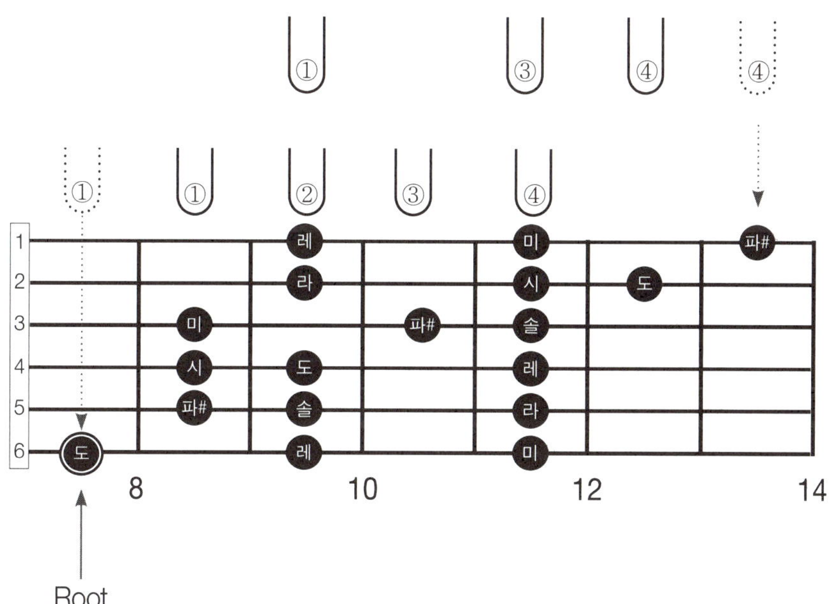

▶ 리디언 스케일 폼 3 연습

C 리디언 스케일 폼 3의 프레이즈 연습

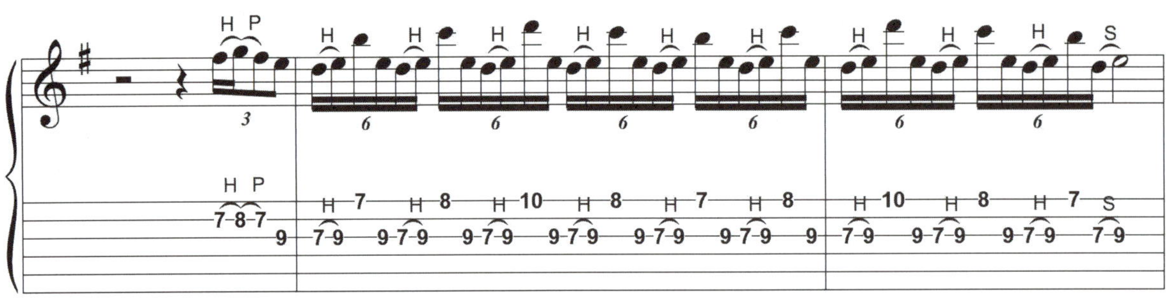

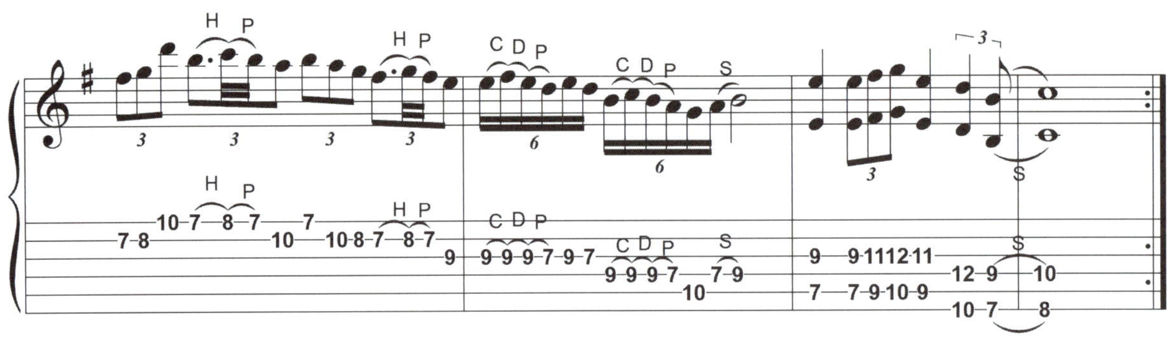

▶ 리디언 스케일 폼 4 연습

C 리디언 스케일 폼 4의 프레이즈 연습

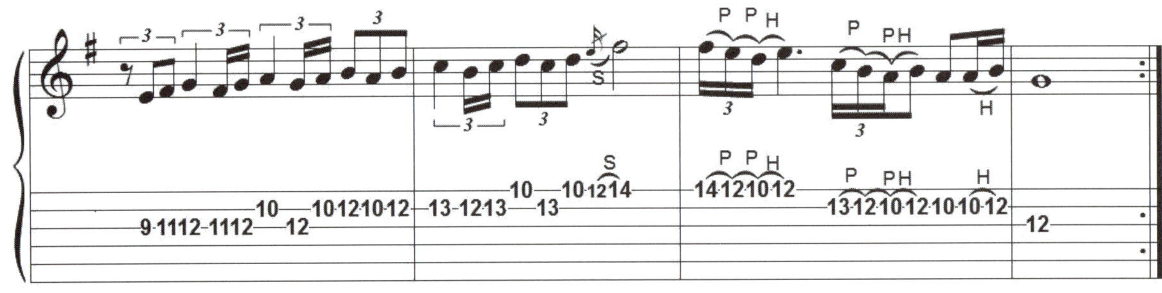

리디언 스케일 폼 5

5번 줄 15프렛이 루트 (도)인 두 번째 C 리디언 스케일 폼이다. 한 옥타브 낮춰 3프렛의 개방현에서도
동일하게 사용할 수 있다.

▶ C 리디언 스케일 폼 5

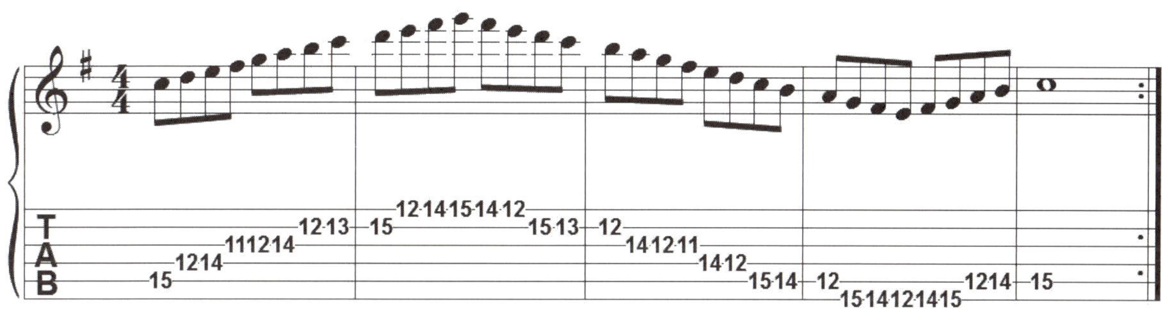

3번 줄에서만 포지션이 이동된다.

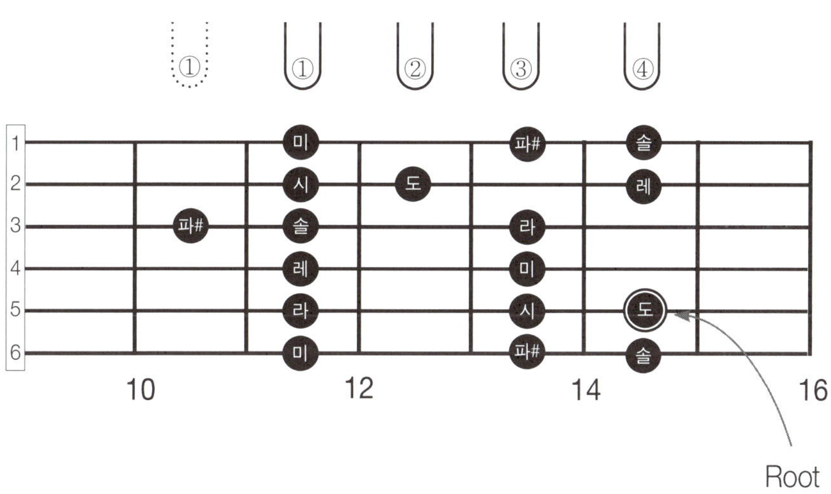

▶ 리디언 스케일 폼 5 연습

C 리디언 스케일 폼 5의 프레이즈 연습

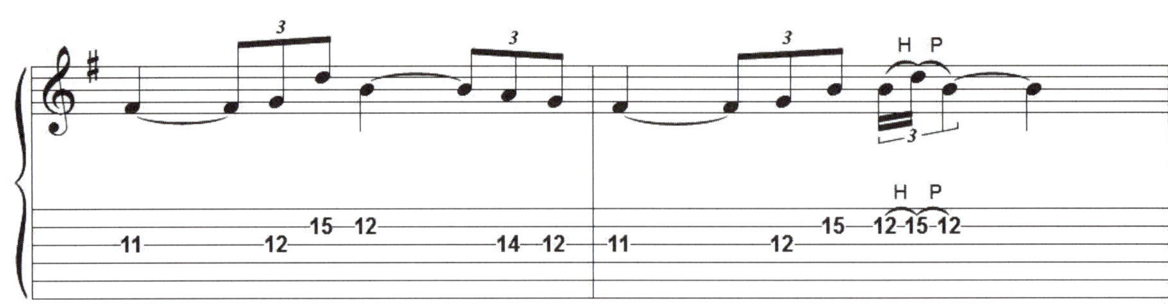

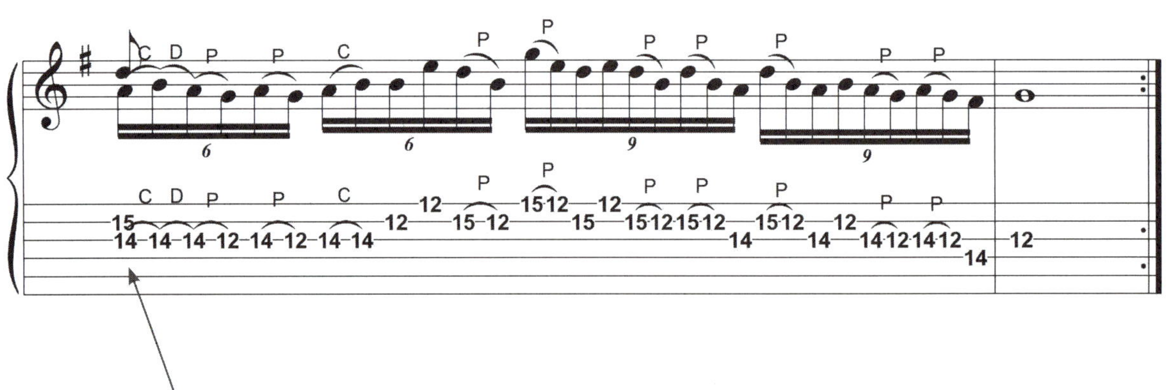

더블 스탑(Double Stop) : 두 음을 동시에 연주하는 주법으로, 하모니, 더블 밴딩, 유니즌 등이 모두 포함된다. 연습에서는 15프렛 2번 줄을 4번 손가락으로 누른 상태에서 14프렛 3번 줄을 초킹 업/다운하며 연주한다.

폼의 연결

실전에서는 개별 폼만 사용하는 경우가 거의 없다. 대부분 2개 이상의 폼을 연결해 연주하기 때문에, 각 폼 연습이 끝난 후에는 반드시 폼 간 연결 연습을 해야 한다. 이를 소홀히 하면 모든 폼을 외워도 실전에서 제대로 활용하지 못할 수 있다.

▶ 폼 연결 연습

2번 줄에서 폼을 연결하는 연습이다.

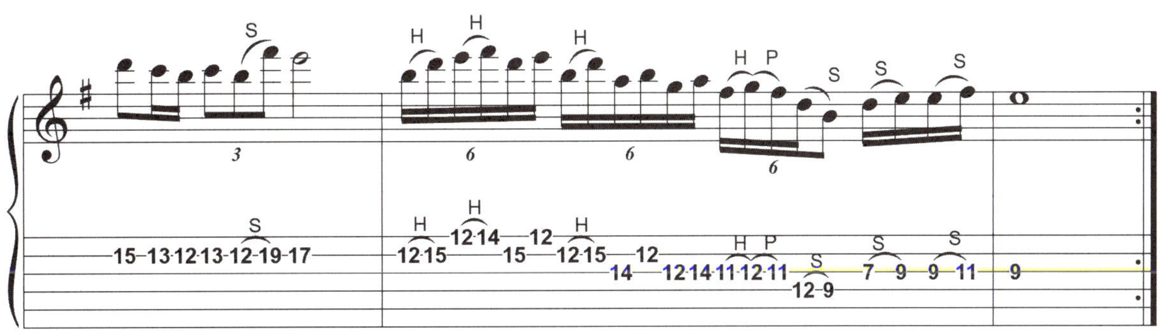

Steve Vai Style Licks

리디언 스케일 학습 편에서 연습할 릭(Lick)은 스티브 바이(Steve Vai) 스타일이다. 그는 수많은 아티스트와 오케스트라, 사운드트랙, 컴필레이션 앨범 등에서 활발히 활동했으며, 버클리 음대와 온라인 기타 강좌를 개설해 기네스북에도 이름을 올린 바 있다. 이론적 기반과 탁월한 테크닉을 바탕으로 실험적이고 변칙적인 연주를 펼치며, 기묘한 멜로디 진행과 화음, 트레몰로 암과 와우 페달의 독창적인 활용으로 독특한 분위기를 만들어낸다. 특히 태핑 연주를 통해 자신의 영역을 확고히 구축한 기타 거장 중 한 명으로 평가받는다.

▲ 스티브 바이 (Steve Vai, 1960년 6월 6일 ~) : 기타 월드에서 선정한 최고의 기타리스트 10인에 포함된 미국의 기타리스트 겸 프로듀서이다. 뉴욕 롱아일랜드에서 태어나 6살 때 오르간을 배우기 시작했으며, 12살에 기타를 잡았다. 14세에는 시퀘어(Square)의 기타리스트였던 조 새트리아니에게 기타를 배우며 본격적인 음악 공부를 시작했고, 1978년 버클리 음대에 입학하여 체계적인 음악 공부를 이어갔다. 1980년 프랭크 자파 그룹의 기타리스트로 합류해 Tinsel Town Rebellion, Them of Us 등의 앨범에 참여했으며, 1984년 잉베이 말름스틴의 후임으로 알카트래즈에 합류하여 3번째 앨범 Disturbing the Peace를 공동 제작했다. 스티브 바이는 이 앨범의 수록 곡 전부를 편곡하며 음악적 감각과 테크닉을 입증했으며, 태핑과 아밍 기술을 활용한 기상천외한 주법으로 잉베이 이후의 알카트래즈 사운드를 완성하고, 록 기타 연주의 새 장을 여는 데 큰 기여를 했다는 평가를 받고 있다.

▶ Licks 1

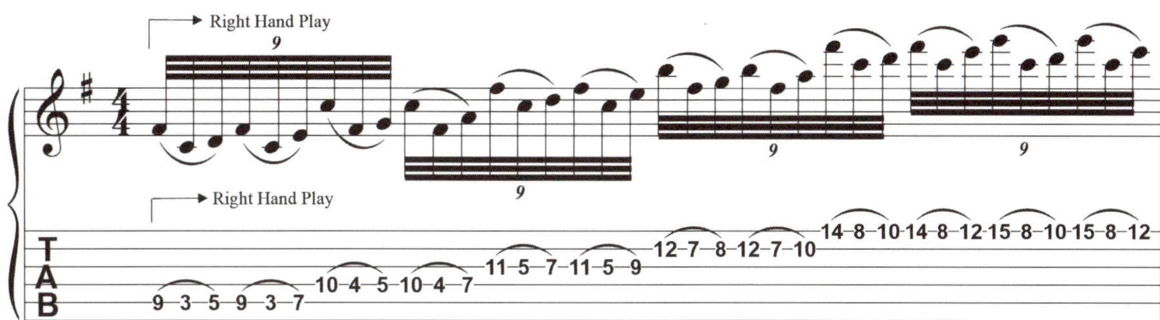

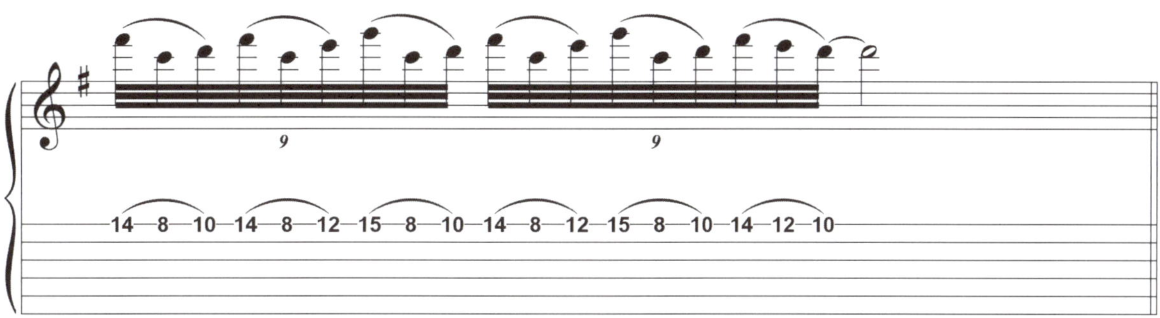

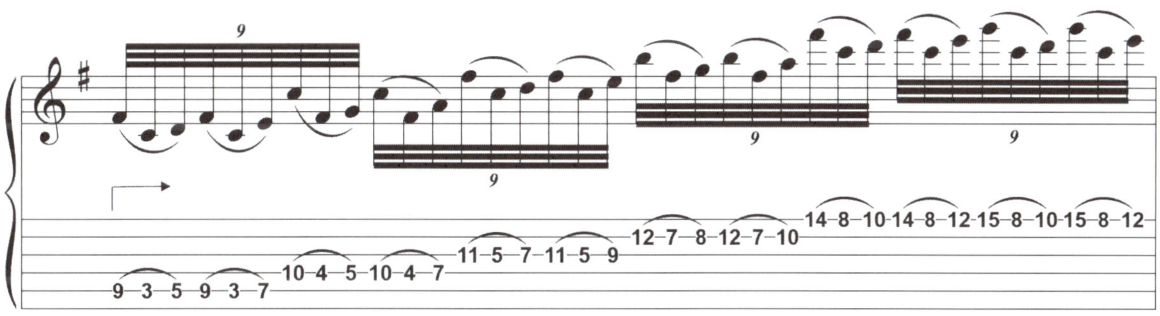

Licks 2

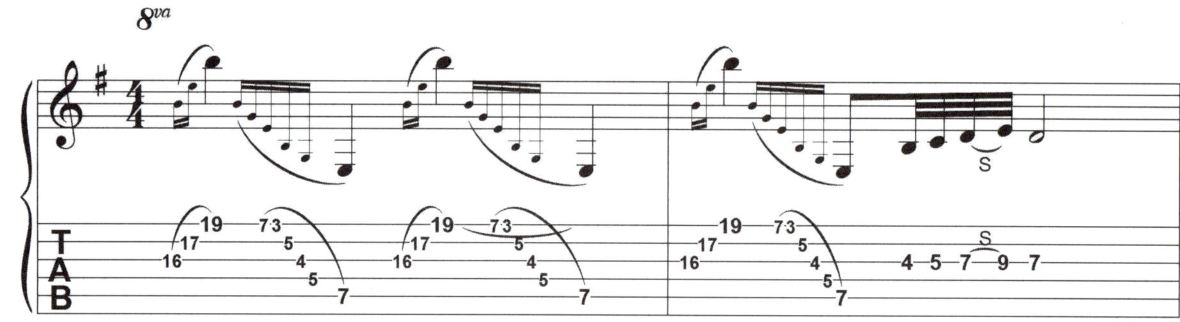

8va

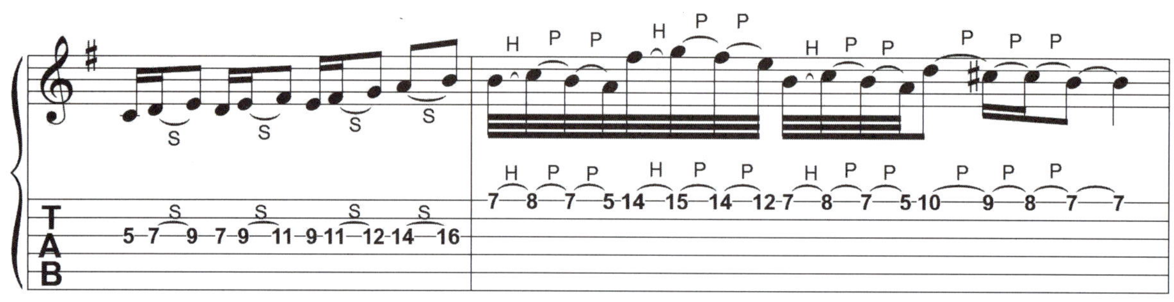

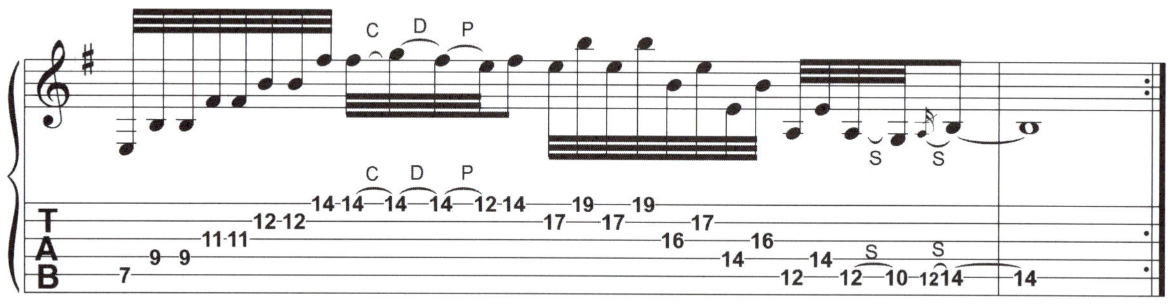

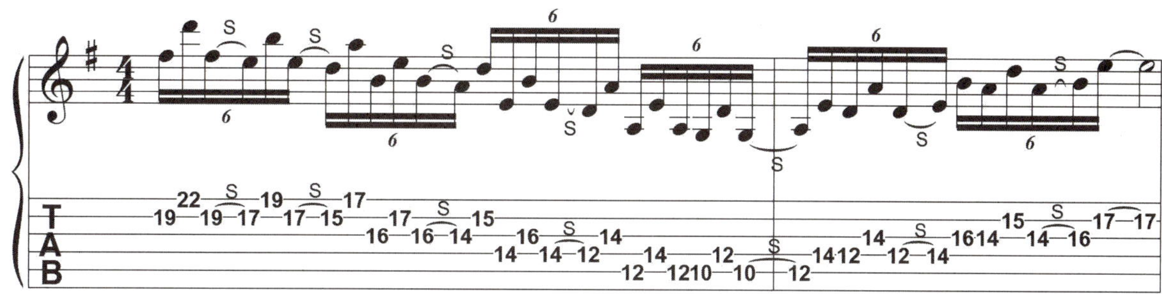

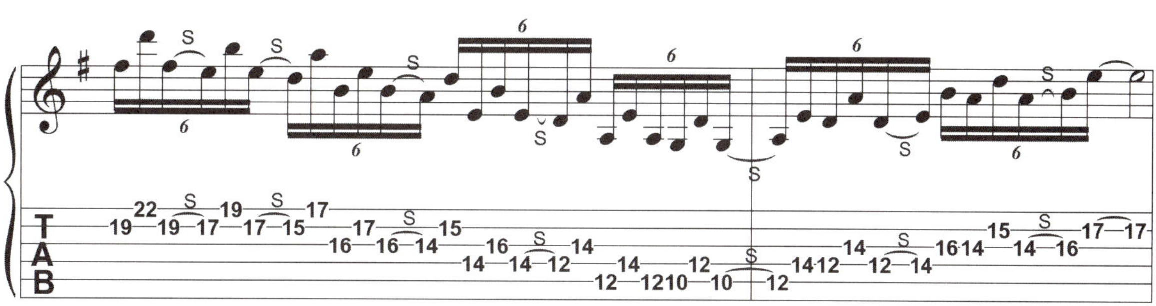

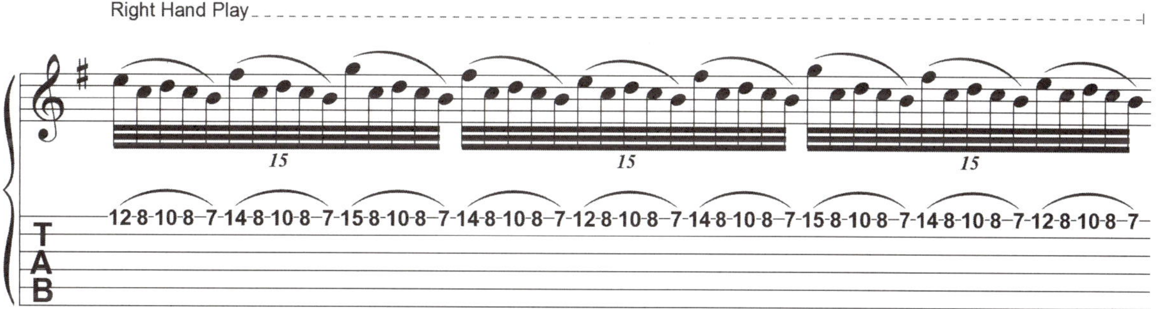

Right Hand Play

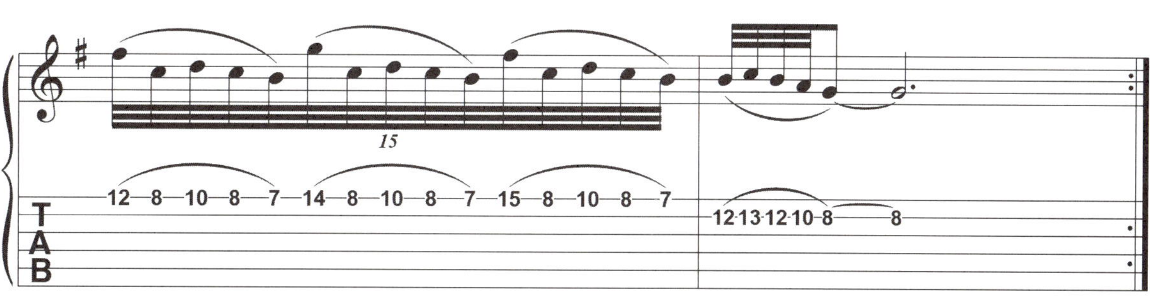

5

믹소리디언 스케일

믹소리디언 스케일

믹소리디언 스케일은 메이저 스케일의 5음부터 나열한 것과 동일하다. 예를 들어 C 메이저 스케일을 기준으로 하면 5음은 (솔)이며, 이를 기준으로 나열하면 (솔, 라, 시, 도, 레, 미, 파)로 되고, 음 간격은 〈온, 온, 반, 온, 온, 반, 온〉이 된다. 이때 3음과 4음, 6음과 7음 사이가 반음 간격이다. 같은 간격으로 (도)부터 나열하면 C 믹소리디언 스케일이 되며, (파)부터 나열하면 F 믹소리디언 스케일이 된다. 믹소리디언 스케일의 색깔을 나타내는 캐릭터 음은 7음이다.

▶ C 메이저 스케일의 5음열

믹소리디언은 메이저 스케일의 5음열에서 만들어지며, C 메이저 스케일을 예로 들면 5음 (솔)에서부터 나열된다. 음의 간격은 〈온, 온, 반, 온, 온, 반, 온〉으로, 3음과 4음, 6음과 7음 사이가 반음 간격이다.

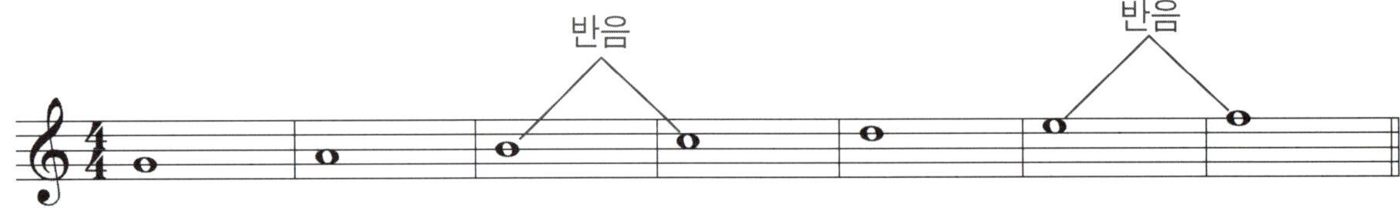

▶ C 믹소리디언 스케일

C(도)에서 같은 간격 〈온, 온, 반, 온, 온, 반, 온〉으로 나열하면 C 믹소리디언 스케일이 되며, F 메이저 스케일과 동일하다. 믹소리디언 스케일의 캐릭터 음은 7음 (시♭)이다.

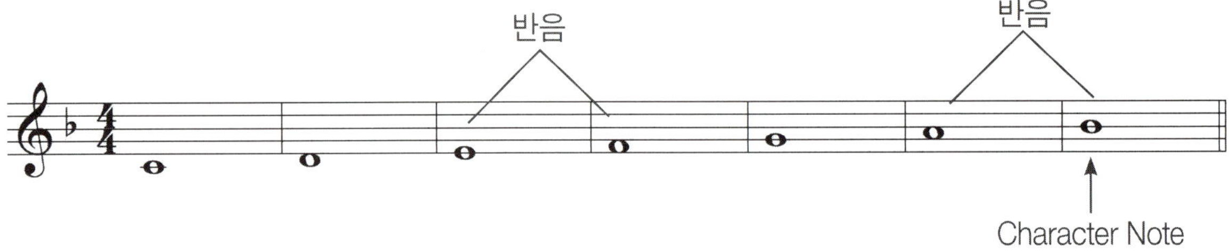

믹소리디언 스케일 폼 1

연습은 루트가 (도)인 C 믹소리디언으로 한다. 믹소리디언은 메이저 스케일의 5음열에서 만들어지므로,
C음을 5음으로 가진 F 메이저 스케일과 동일하다.

▶ C 믹소리디언 스케일 폼 1

3번 줄 3프렛 루트 (도)에서 2번 손가락으로 시작되는 C 믹소리디언 스케일 폼이다.
상행할 때 2번 줄에서 포지션이 이동하며, 하행할 때는 3번 줄에서 원래 포지션으로 복귀된다.

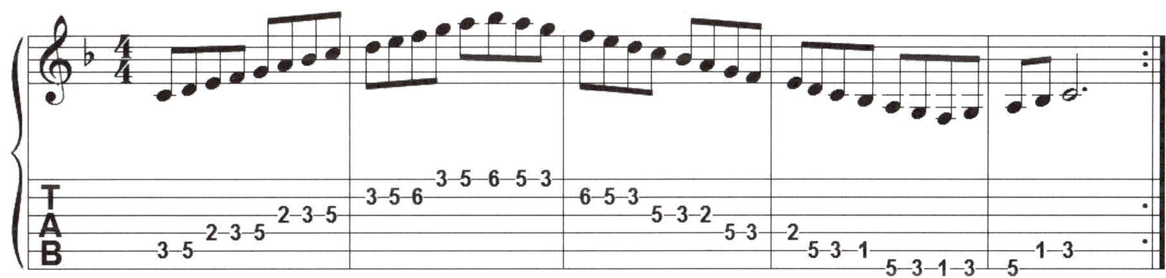

2번 줄에서 포지션이 이동하며, 5번 줄과 6번 줄의 1프렛은 1번 손가락을 벌려서 연주한다.

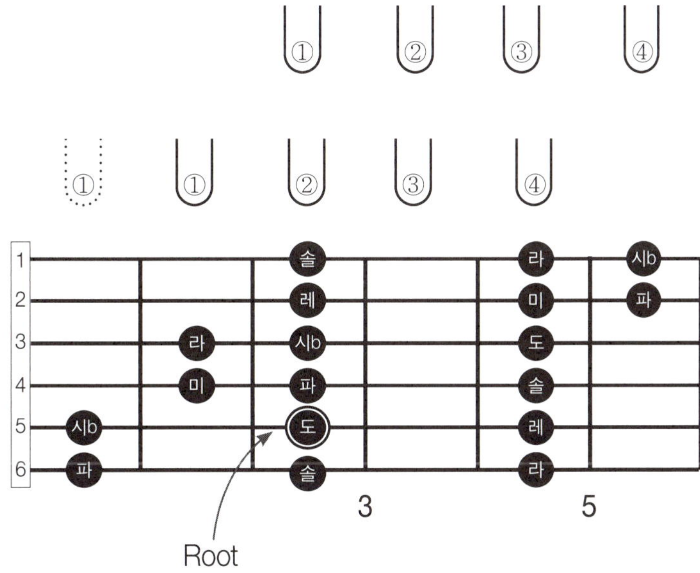

▶ 믹소리디언 스케일 폼 1 연습

폼 3에서 폼 1로 내려갔다가 다시 올라오는 연습이다.

믹소리디언 스케일 폼 2

6번 줄 8프렛 루트 (도)에서 4번 손가락으로 시작되는 C 믹소리디언 스케일 폼 2이다. 6번 줄을 루트로 하는 폼 중에서는 가장 널리 알려진 폼이기도 하다.

▶ C 믹소리디언 스케일 폼 2

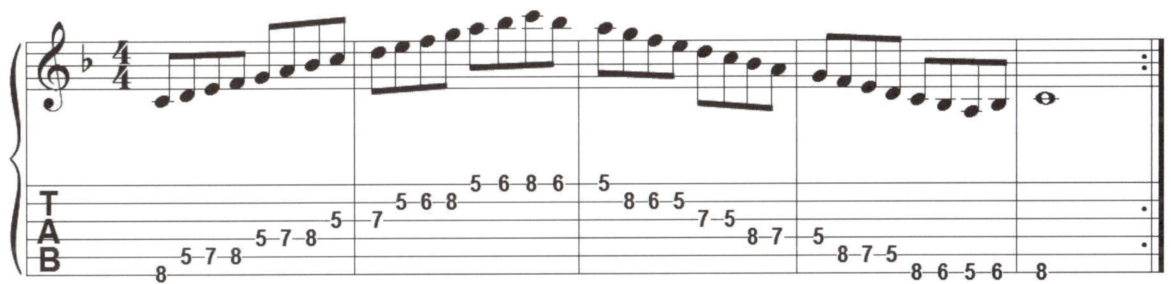

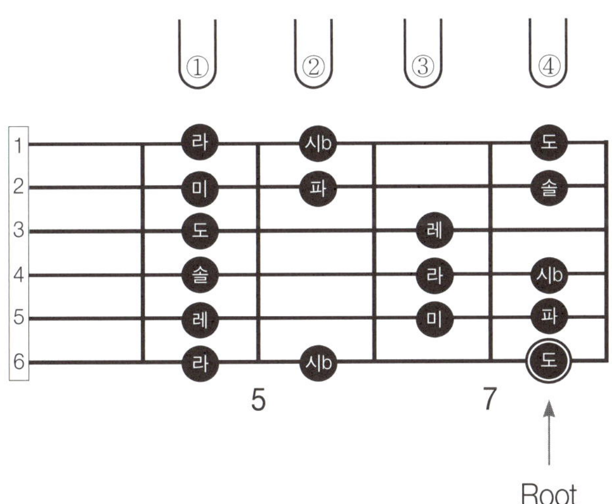

▶ 믹소리디언 스케일 폼 2 연습

폼 3에서 폼1로 내려갔다가 올라오는 연습이다.

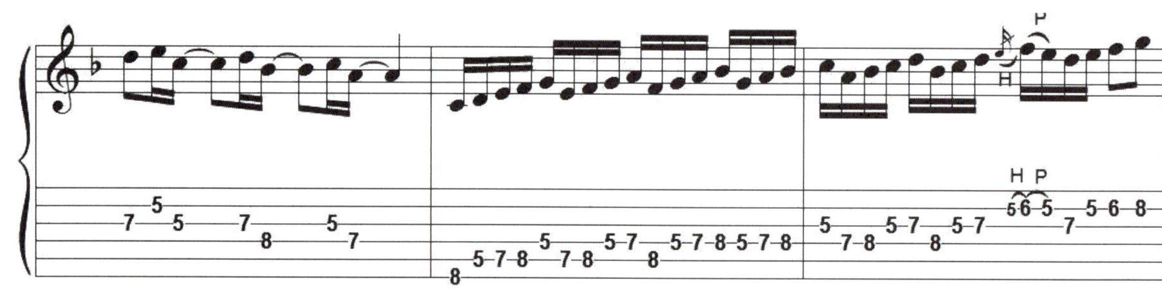

믹소리디언 스케일 폼 3

6번 줄 8프렛 루트 (도)에서 2번 손가락으로 시작되는 C 믹소리디언 스케일 폼 3이다. 6번 줄을 루트로 하는 두 번째 폼이며, 폼 2와 연결되어 자주 사용된다. 2번 줄에서 포지션이 이동하며, 1번 줄 12프렛 (미)은 4번 손가락을 벌려 연주한다.

▶ C 믹소리디언 스케일 폼 3

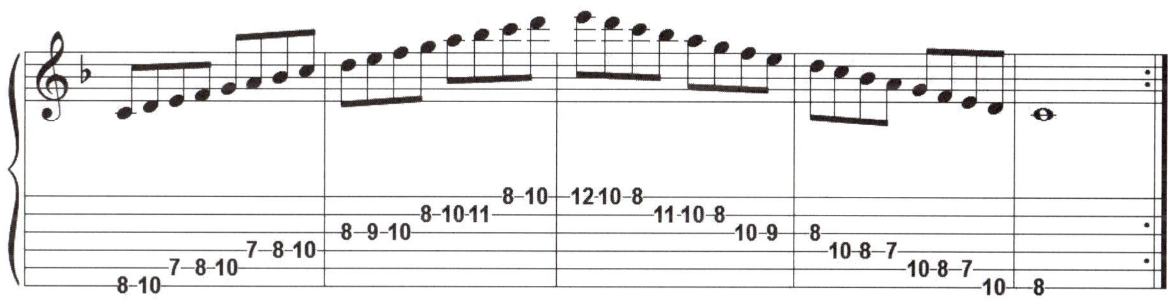

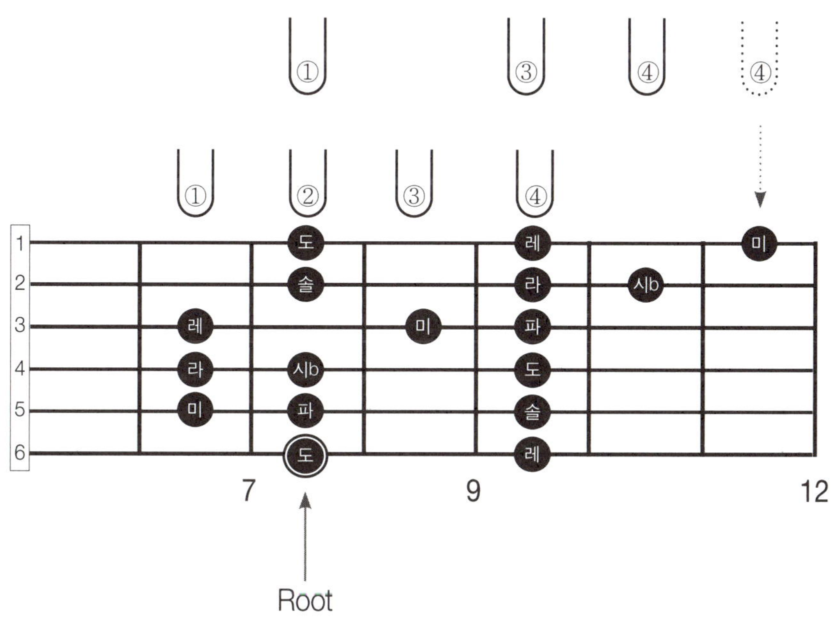

▶ 믹소리디언 스케일 폼 3 연습

폼 3에서 폼 1로 내려갔다가 다시 올라오는 연결 연습이다.

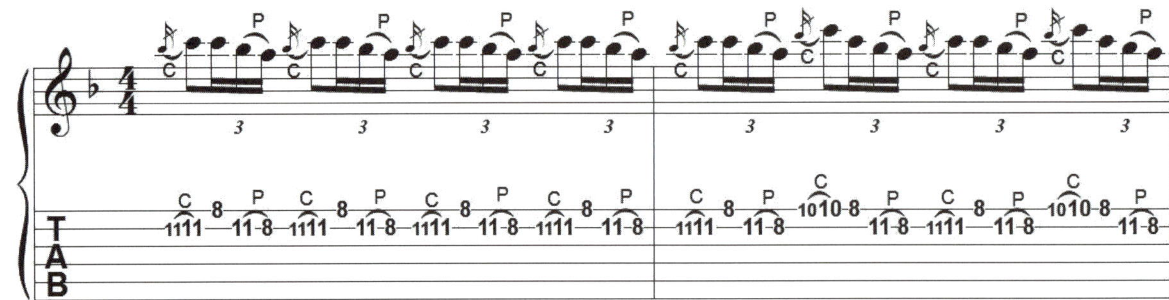

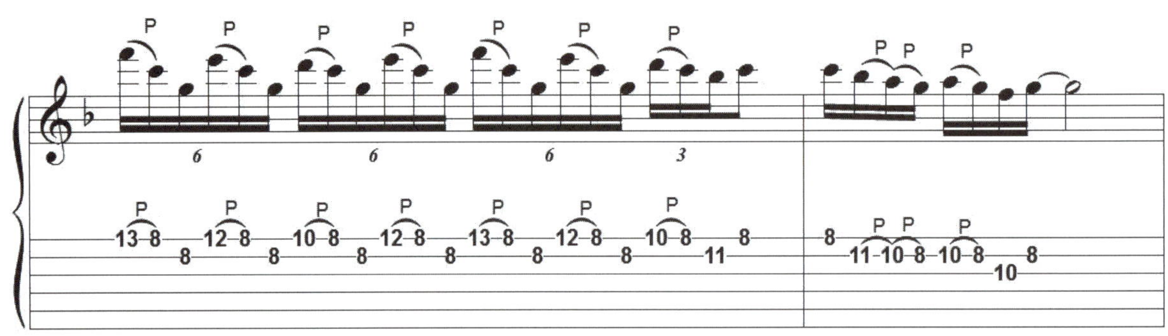

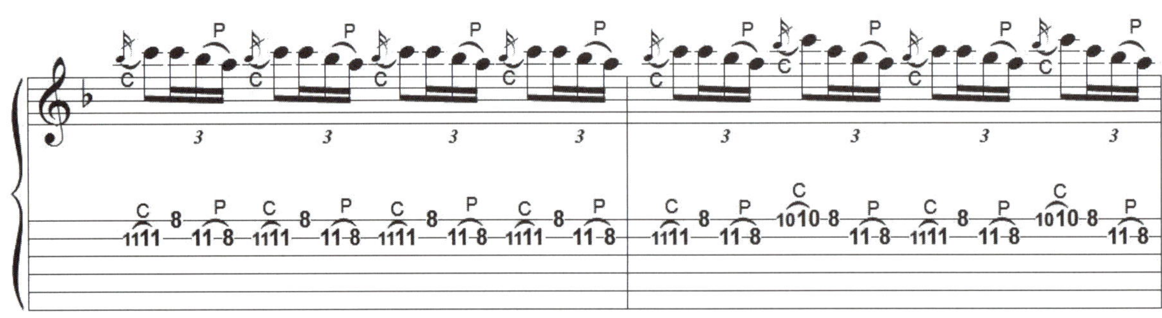

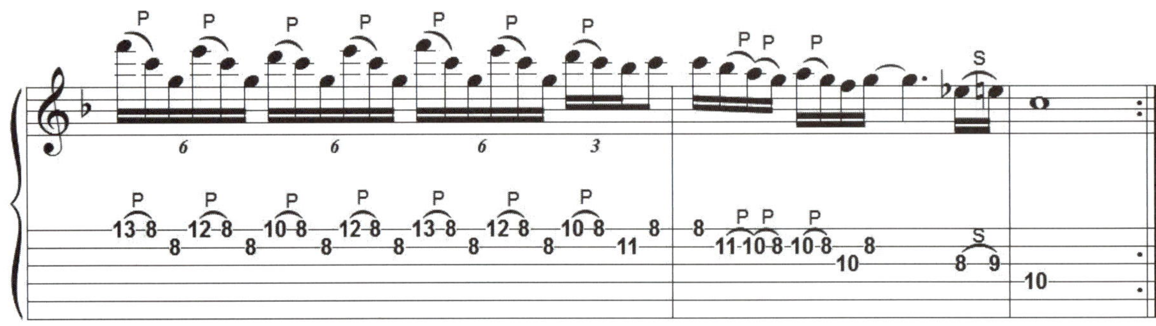

믹소리디언 스케일 폼 4

6번 줄 8프렛 (도)을 루트로 하는 폼 4이다. 6, 5, 4번 줄을 모두 1번 손가락을 벌려서 연주해야 하기 때문에, 4번 줄 10프렛을 루트로 하는 폼이 더 많이 알려져 있지만, 본서에서는 실제 기타리스트들이 자주 사용하는 폼으로 연습한다.

▶ C 믹소리디언 스케일 폼 4

4, 5, 6번 줄은 모두 1번 손가락을 벌려서 연주하며, 2번 줄에서 포지션 이동이 있는 C 믹소리디언 스케일 폼 4이다. 힘들다면 4번 줄을 루트로 하는 폼으로 익혀도 좋다.

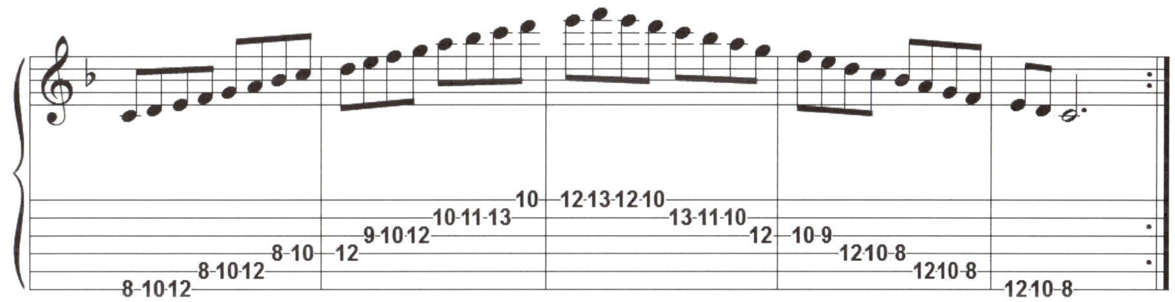

2번 줄에서 포지션이 이동된다.

4번, 5번, 6번 줄은 모두 1번 손가락을 벌려서 연주한다.

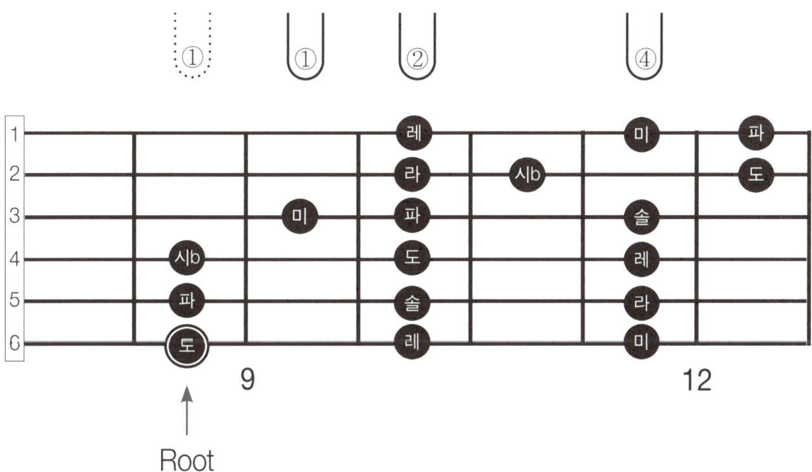

▶ 믹소리디언 스케일 폼 4 연습

폼 3에서 폼 4로 내려갔다가 다시 폼 3으로 올라오는 연습이다.

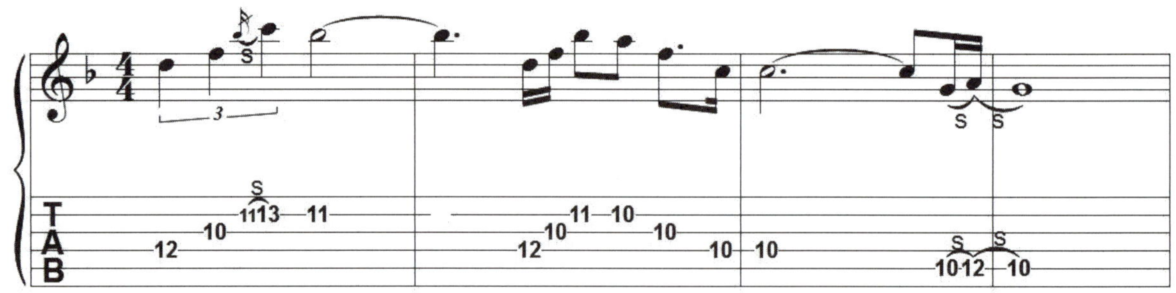

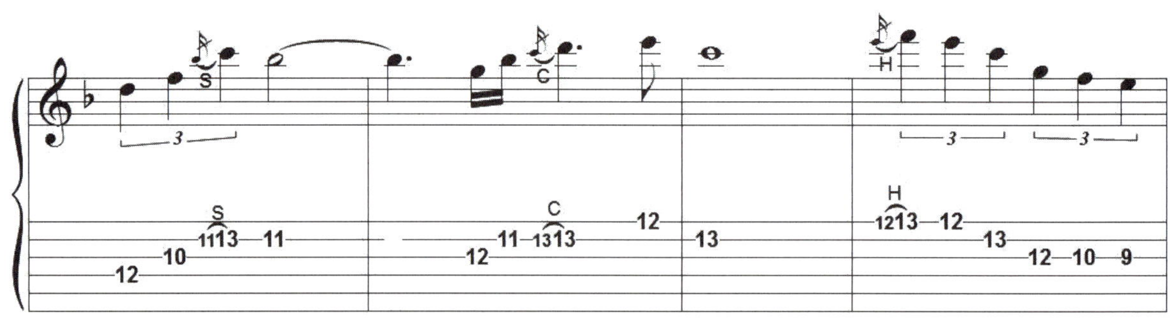

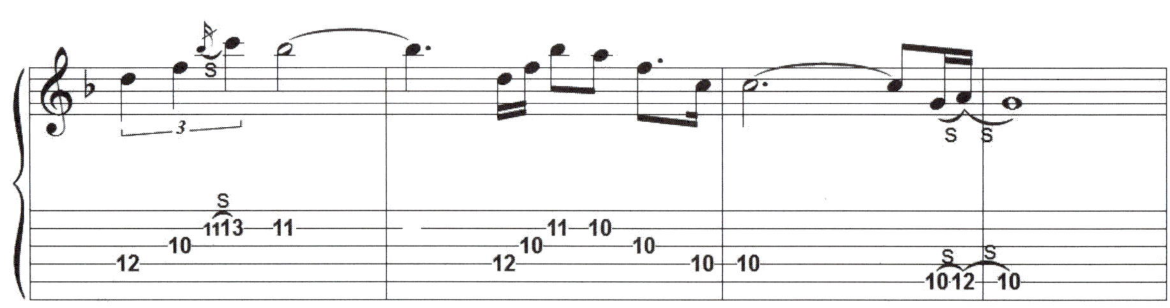

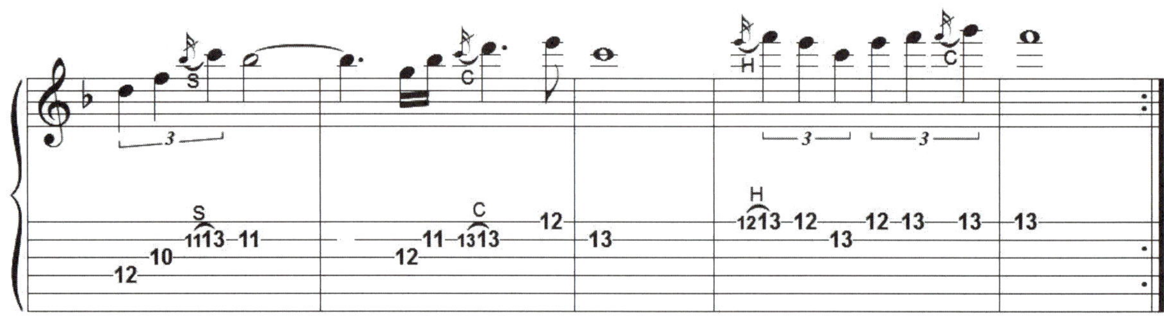

믹소리디언 스케일 폼 5

5번 줄 15프렛(도)을 루트로 하는 C 믹소리디안 스케일의 폼 5이다. 4번 손가락에서 시작하며, 5번 줄을 루트로 하는 두 번째 폼으로, 폼 1과 연결되어 하이 포지션 연주에서 많이 사용된다.

▶ C 믹소리디언 스케일 폼 5

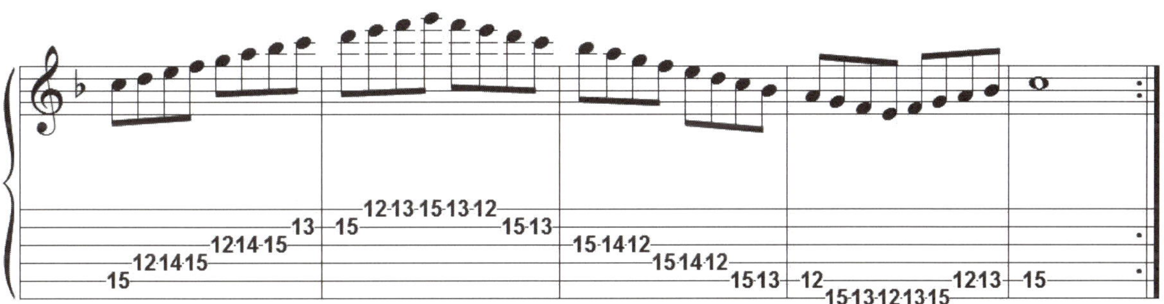

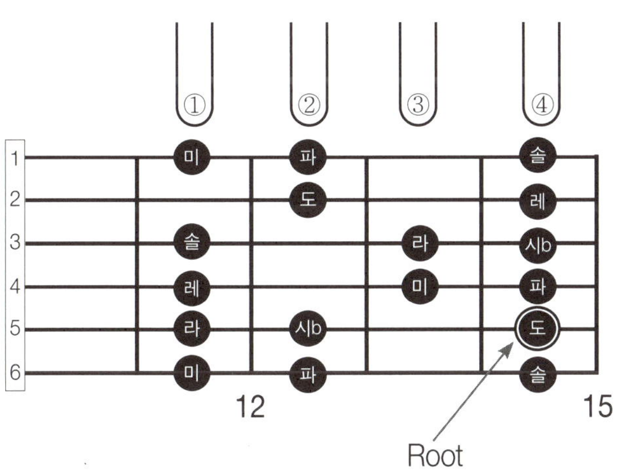

▶ 믹소리디언 스케일 폼 5 연습

4마디 패턴을 두 번 반복하고 있다.

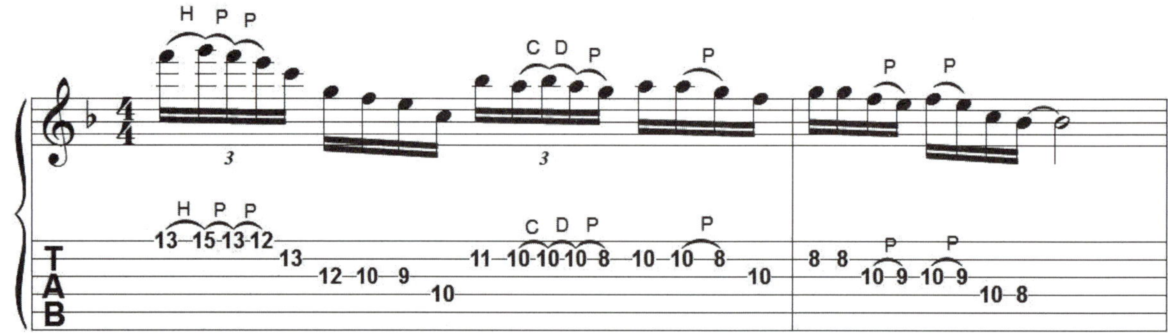

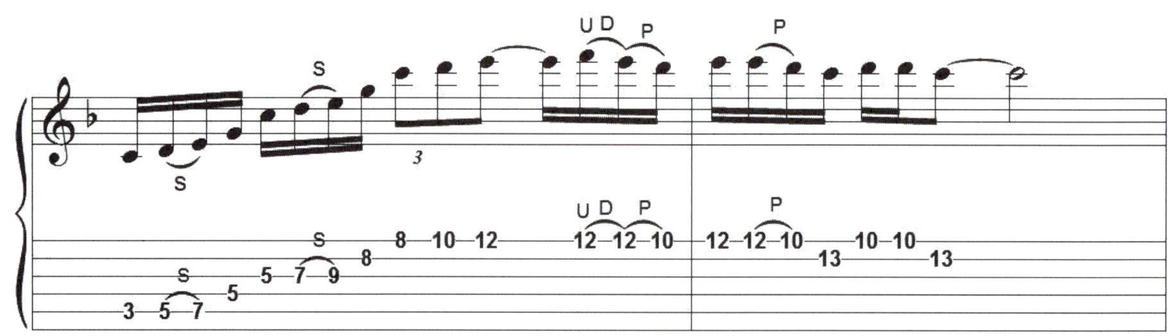

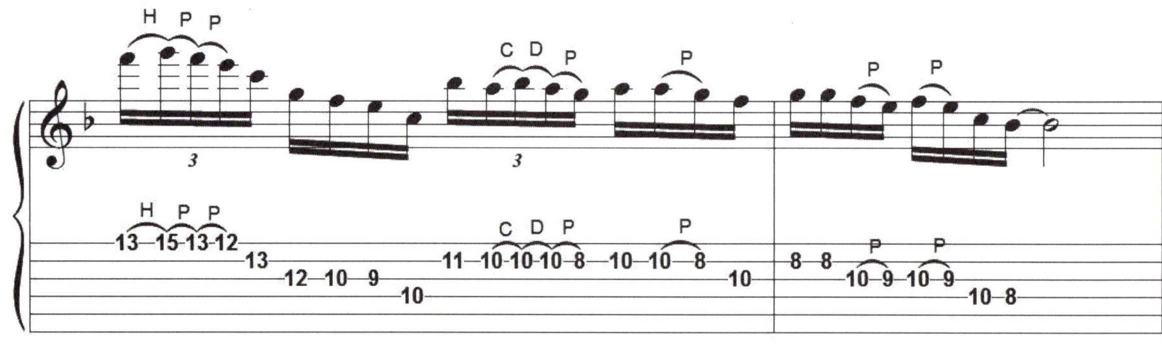

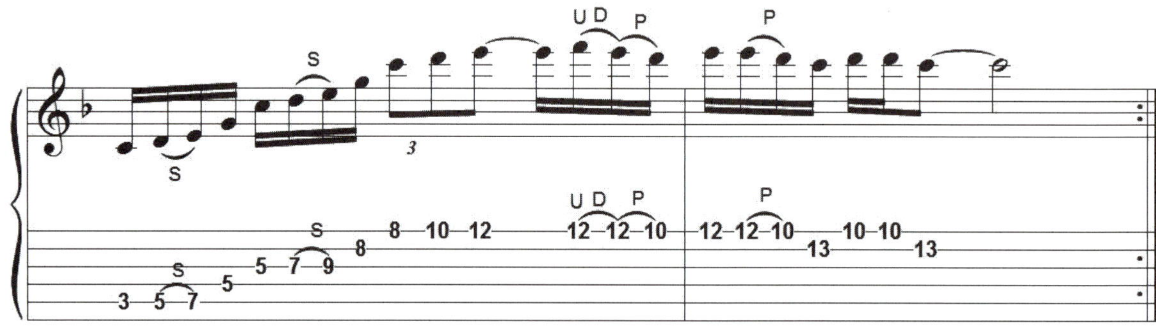

5-6 아르페지오

초보자는 애드리브를 코드 톤 중심으로 접근하는 것이 좋다. 단, 아르페지오처럼 반주가 되지 않도록 리듬을 조금씩 변화를 주는 것이 포인트이다. 다음 연습은 Dm□C□Bb□Am□Gm□F□Em□D 순으로, 코드 톤만 사용하여 애드리브를 만들어 보는 것이다. 리듬은 다양하게 변화를 주면서 시도해본다.

Van Halen Style Licks

믹소리디언 스케일 학습 편에서 연습할 릭(Lick)은 미국의 하드 록 밴드 반 헤일런(Van Halen) 스타일이다. 반 헤일런은 음반 판매량 측면에서 큰 성공을 거두었으며, 태핑 주법과 다양한 이펙트 사용으로 록 사운드에 혁신을 일으켰다. 이로 인해 록 사운드는 흔히 '반 헤일런 이전과 이후' 로 구분되기도 한다.

▲ 밴 헤일런(Van Halen, 1972년 결성) : 형 알렉스 밴 헤일런(1953년생, 드럼)과 동생 에디 밴 헤일런(1955년생, 기타)을 주축으로 형제의 이름을 따서 만든 미국의 하드록 밴드이다. 미국에서 가장 많은 앨범을 판매한 뮤지션 Top 10에 들 정도로 대중적인 성공을 거둔 밴드이기도 하다. 특히 데뷔 앨범의 연주곡 Eruption은 록 기타 역사상 최초로 태핑 주법을 본격적으로 사용해 널리 알린 트랙으로 평가된다.

밴 헤일런의 사운드는 일반적으로 저음과 고음을 강조하고 중음을 줄이는 다른 록 기타리스트들과 달리, 중음을 살려 또렷하고 앞으로 튀어나오는 톤이 특징이다.

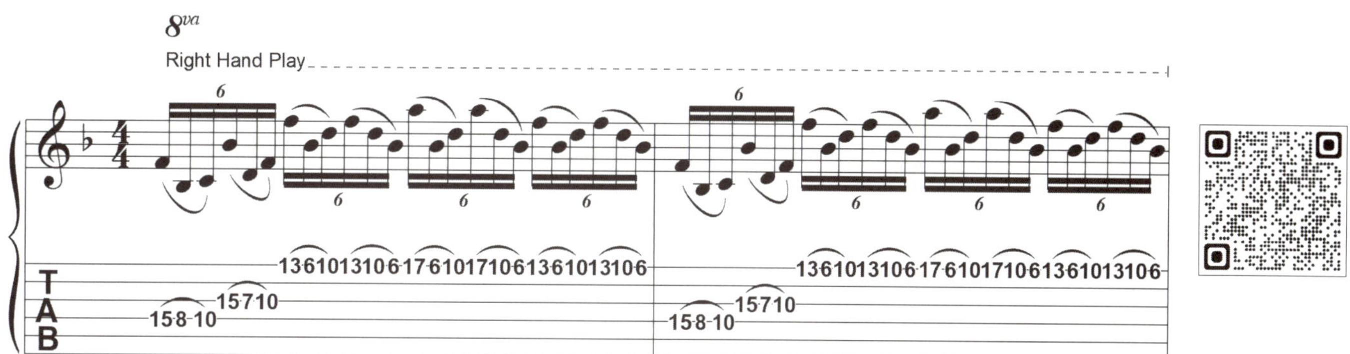

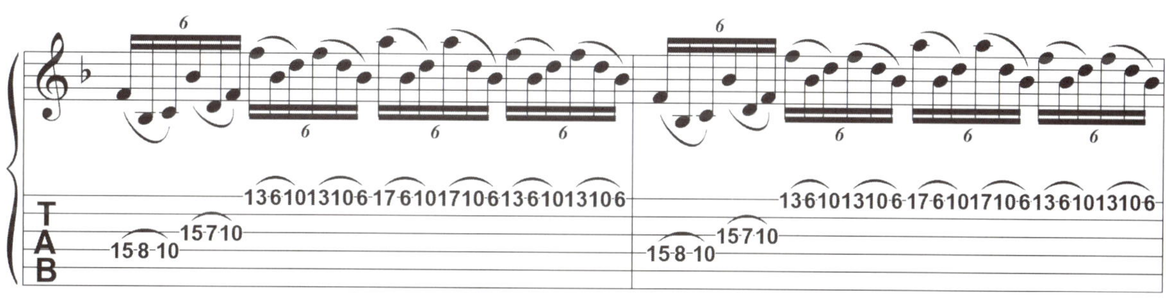

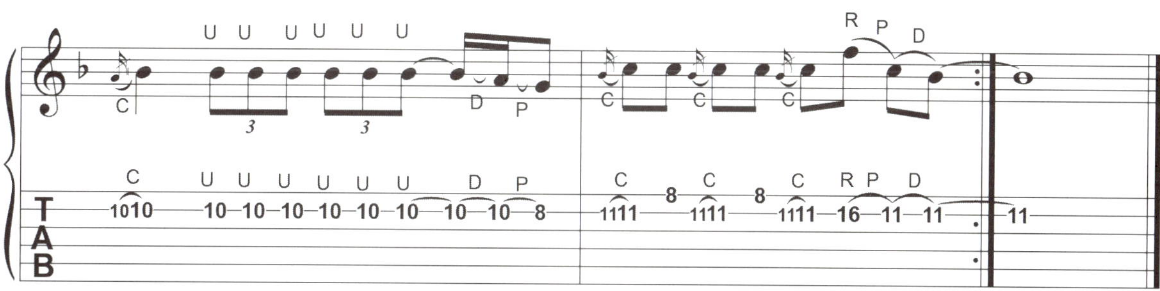

Licks 2

arm.
Right Hand Play
Harm
D
R
D
C
C
C
D
C
D

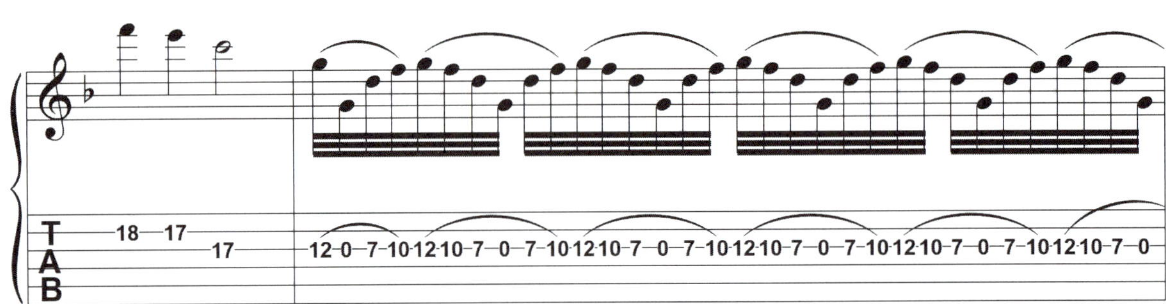

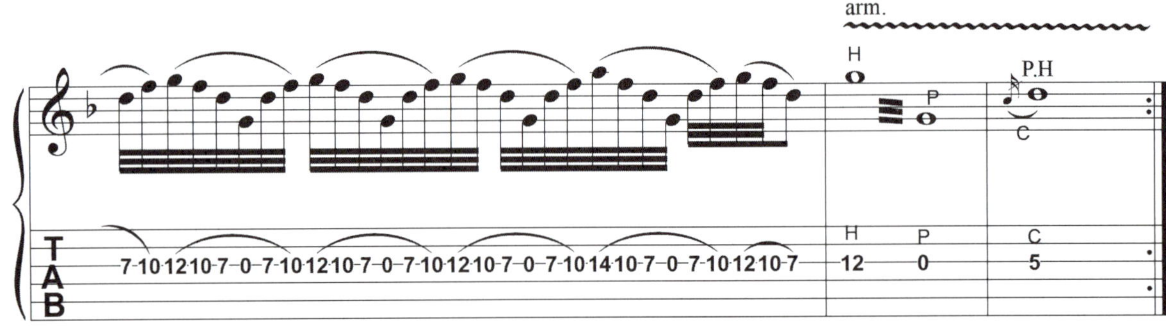
arm.
H
P
P.H
C
H
P
C

› Licks 3

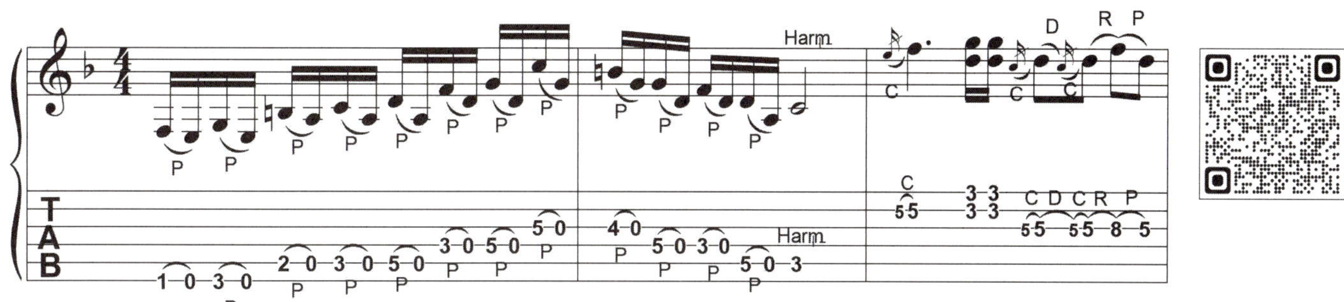

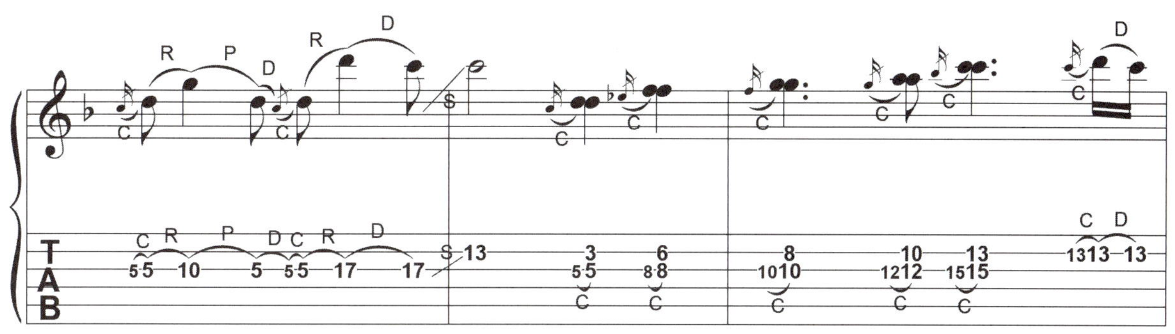

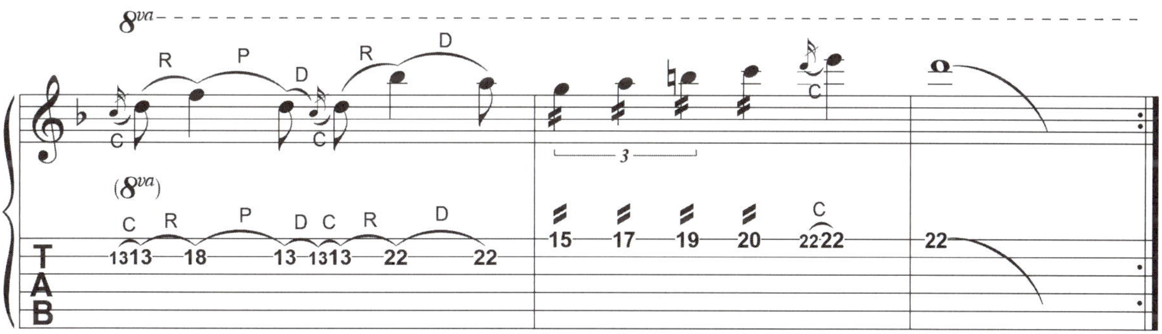

6

에올리언 스케일

06

에올리언 스케일

에올리언 스케일은 메이저 스케일의 6음부터 나열한 것과 동일하다. 예를 들어 C 메이저 스케일을 기준으로 하면, 6음은 A(라)이다. 따라서 A부터 시작하면 A, B, C, D, E, F, G, A 순으로 나열되며, 음 간격은 온, 반, 온, 온, 반, 온, 온이다. 즉 2음과 3음, 5음과 6음 사이가 반음 간격이 된다. 같은 원리로 C부터 시작하면 C 에올리언 스케일, E부터 시작하면 E 에올리언 스케일이 된다. 에올리언 스케일의 색깔을 결정하는 특징 음은 6음(A)이다.

▶ C 에올리언 스케일

C(도)에서 시작하여 온, 반, 온, 온, 반, 온, 온 순서로 나열한 스케일로, Eb 메이저 스케일과 동일하다.

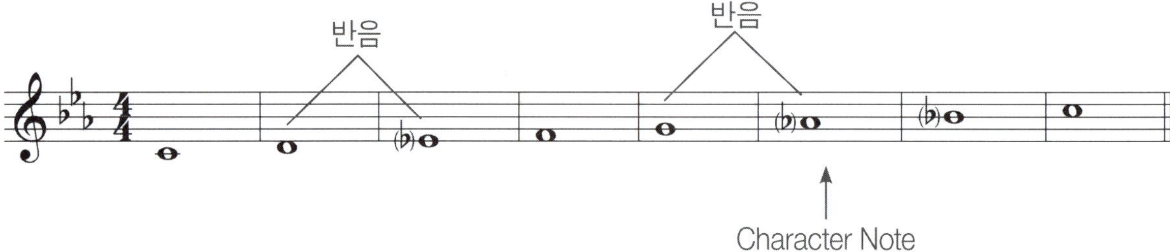

▶ A 에올리언 스케일

A(라)에서 시작하여 온, 반, 온, 온, 반, 온, 온 순서로 나열한 스케일로, C 메이저 스케일과 동일하다.

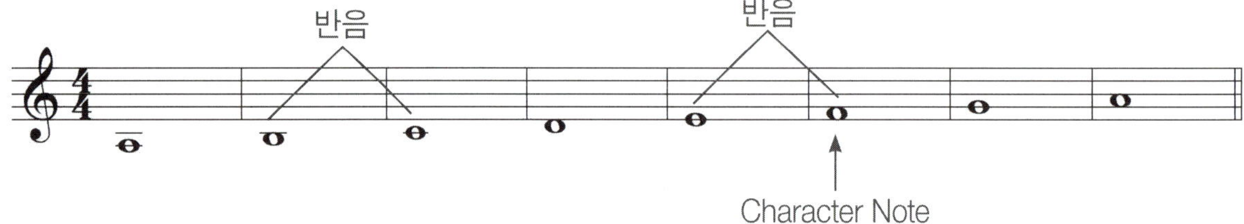

6-1 에올리언 스케일 폼 1

모드는 3음을 기준으로 장3화음을 형성하는 아이오니언, 리디언, 믹소리디언이 메이저 계열이며, 도리언, 프리지언, 에올리언, 로크리언은 마이너 계열이다. 그중 에올리언 스케일은 네추럴 마이너 스케일과 동일하며, 펜타토닉과 블루스 스케일의 근원이 되는 주요 스케일이다.

▶ A 에올리언 스케일 폼 1

6번 줄 5프렛의 A음을 루트로 하는 A 에올리언 스케일 폼 1이다.
Am 스케일로 연습하면 실용적으로 활용도가 높다.

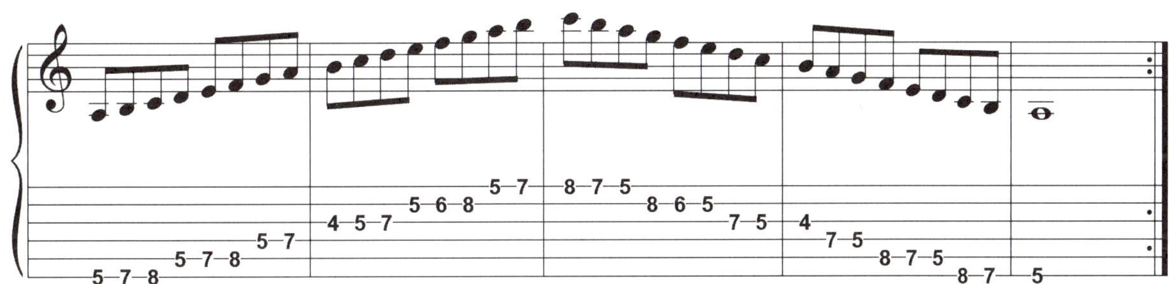

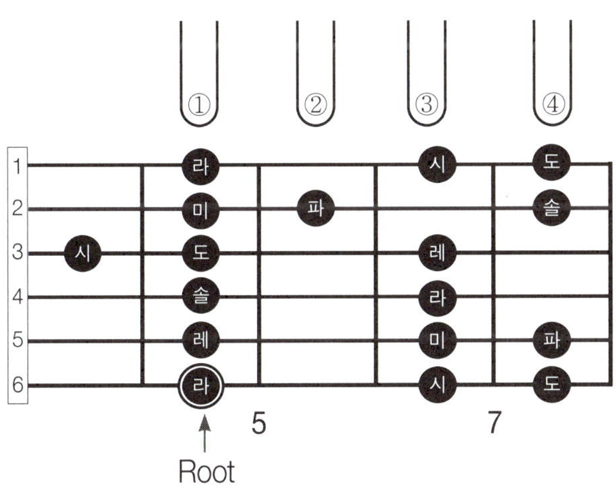

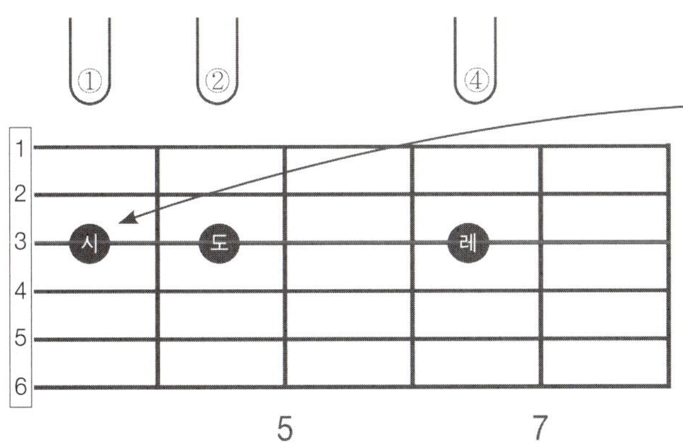

3번 줄에서 1번 손가락을 사용해 포지션을 바꾼다.

▶ 에올리언 스케일 1 연습 프레이즈

4마디 패턴을 반복하고 있다.

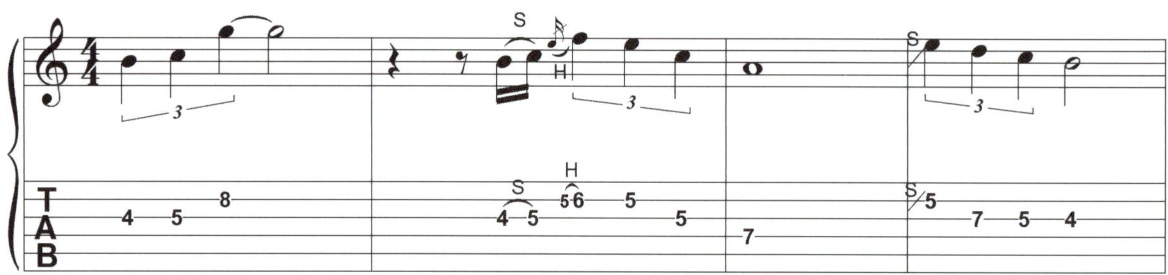

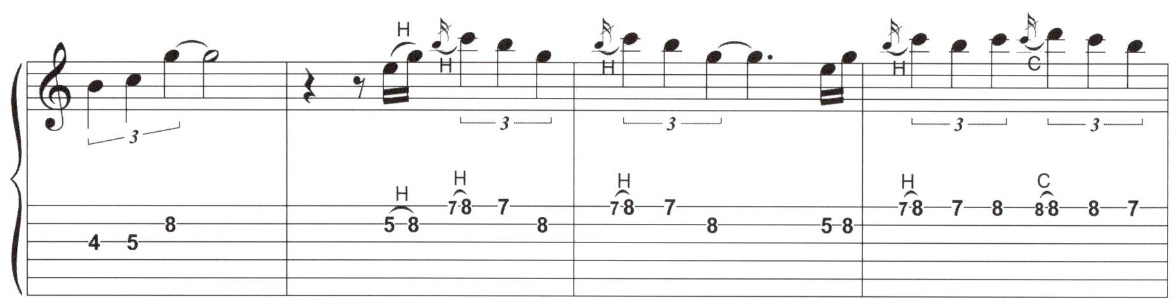

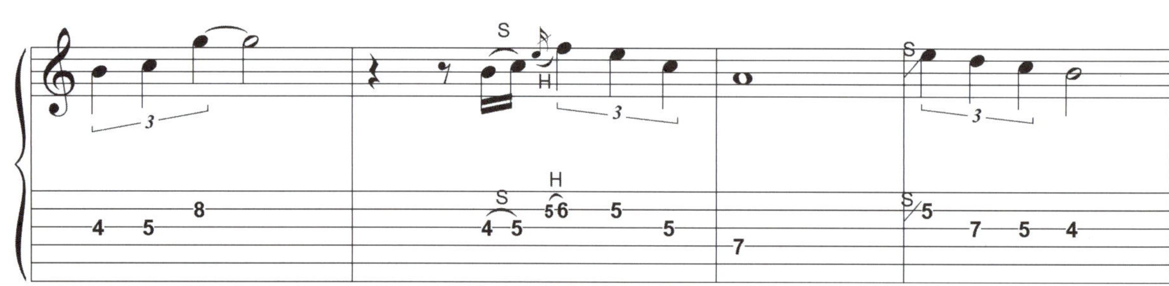

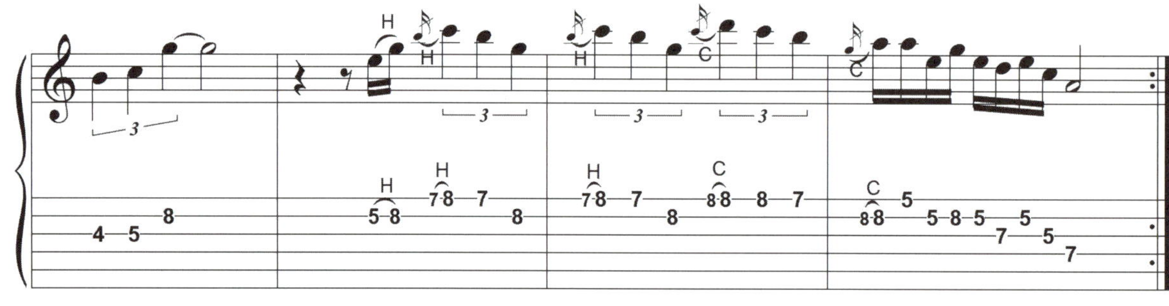

에올리언 스케일 폼 2

폼 1과 루트 위치가 동일한 에올리언 스케일 폼 2이다. 루트가 같은 경우에는 손가락 번호로 폼을 구분하며, 폼 1은 1번 손가락으로 시작하고, 폼 2는 4번 손가락으로 시작한다.

▶ A 에올리언 스케일 폼 2

1번과 2번 줄에서 포지션 이동이 있는 에올리언 스케일 폼 2이다. 폼 1과 마찬가지로 Am 스케일을 의식하며 연습하면 활용도가 높다.

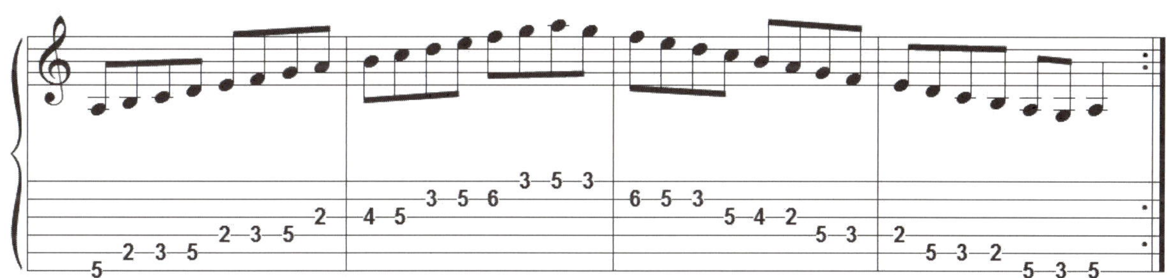

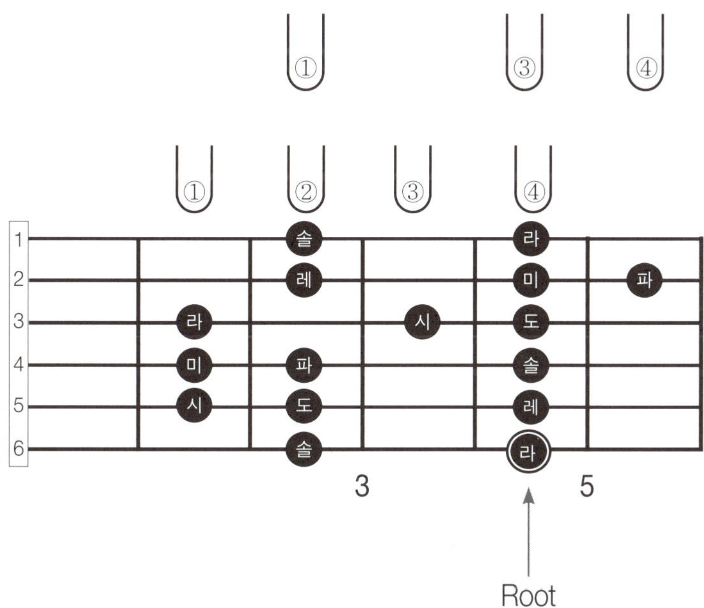

에올리언 스케일 폼 2을 기반으로 한 연습 프레이즈이다.

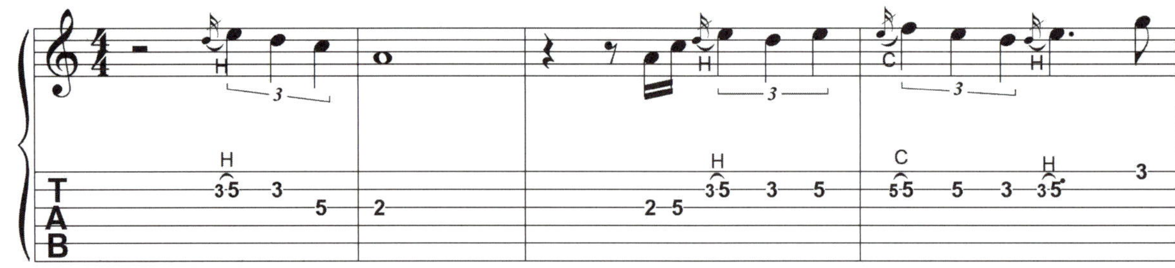

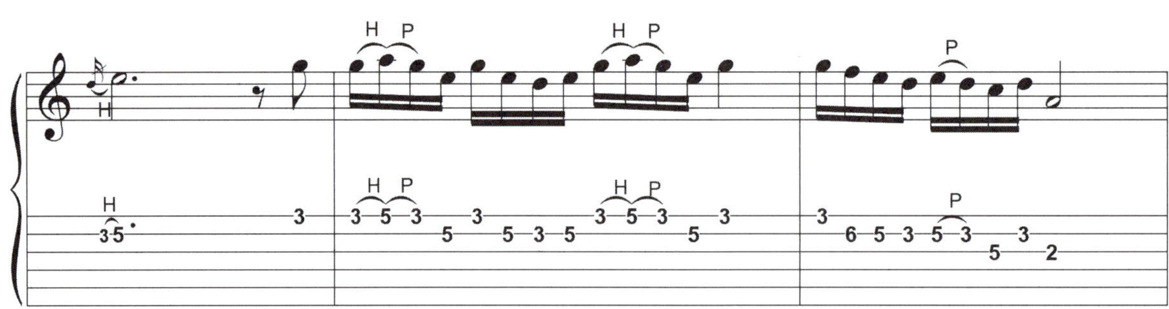

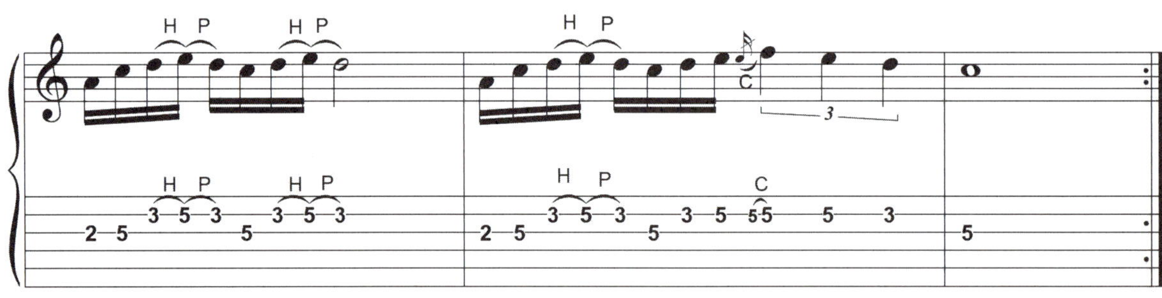

에올리언 스케일 폼 3

루트가 4번 줄 7프렛의 A음에 위치한 A 에올리언 스케일 폼 3이다. 폼 1과 폼 4를 연결하는 역할로 많이 사용되지만, 단독으로 사용되는 경우도 많으므로 확실히 연습할 필요가 있다.

▶ A 에올리언 스케일 폼 3

4번 줄 7프렛의 A음을 루트로 하는 A 에올리언 스케일 폼 3이다. Am 스케일을 의식하며 연습한다.

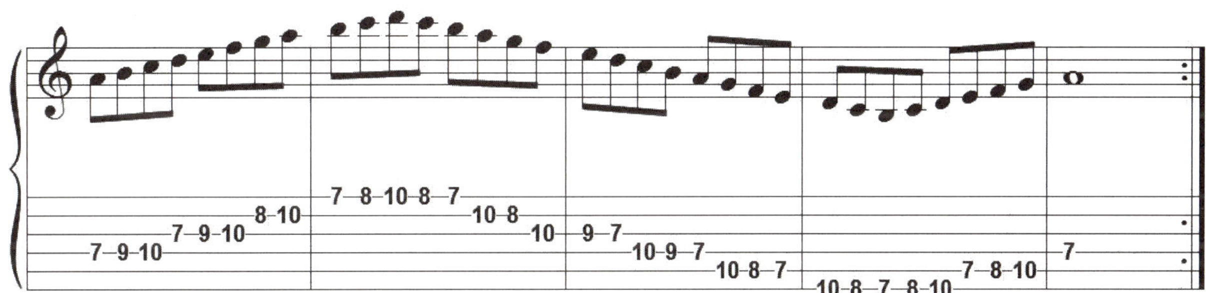

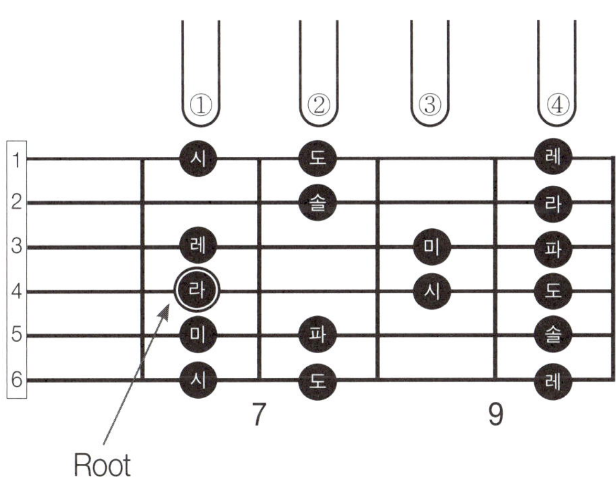

▶ 에올리언 스케일 3 연습 프레이즈

에올리언 스케일 폼 3을 기반으로 한 연습 프레이즈이다.

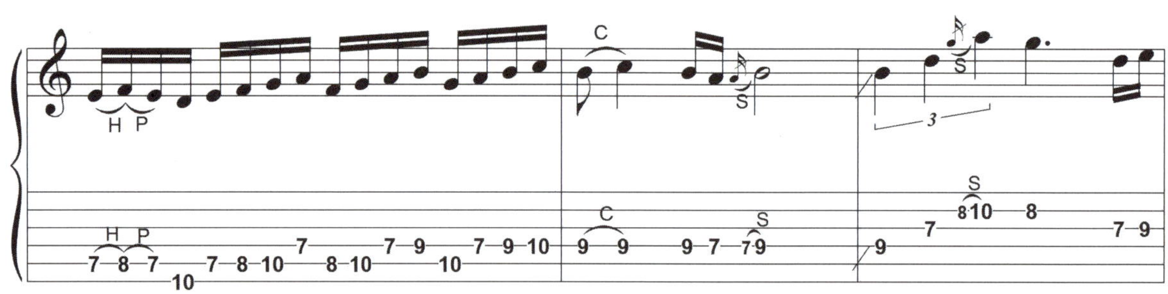

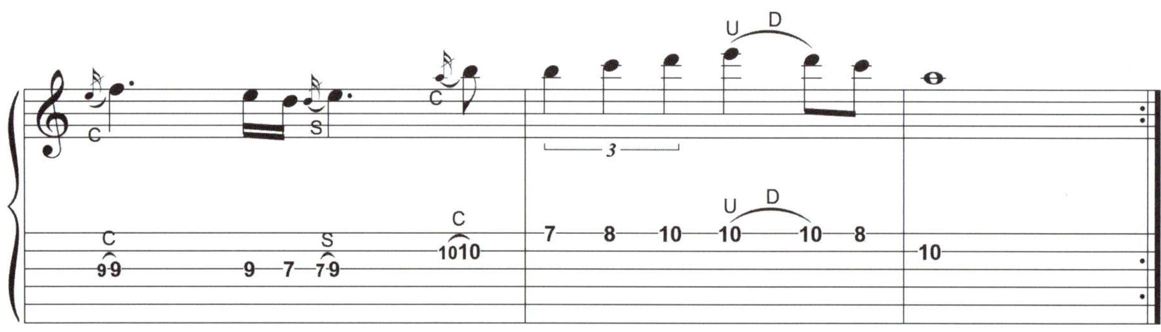

에올리언 스케일 폼 4

5번 줄 12프렛의 A음을 루트로 하는 에올리언 스케일 폼 4이다. 5번 줄을 루트로 하는 폼 중 첫 번째이며, 폼 5와 연결되어 자주 사용된다.

▶ A 에올리언 스케일 폼 4

6프렛 폭을 가진 폼이지만, 하이 포지션에서 연주되므로 어렵지 않다. Am 스케일을 의식하며 연습할 것을 권장한다.

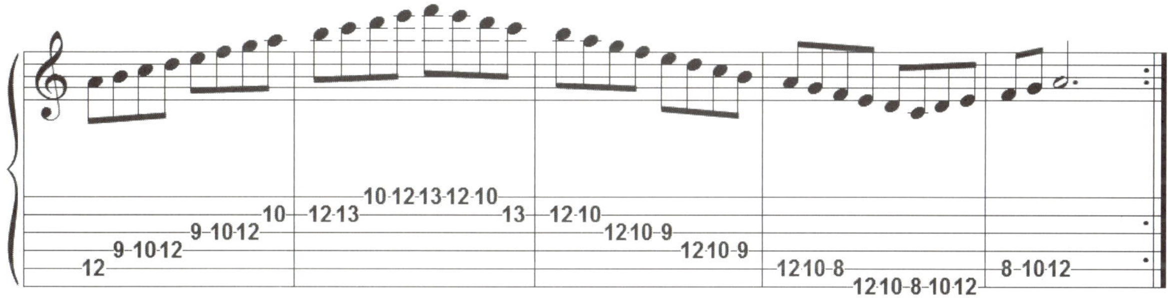

2번 줄에서 포지션이 바뀌며, 5번 줄과 6번 줄의 1프렛은 1번 손가락을 벌려 연주한다.

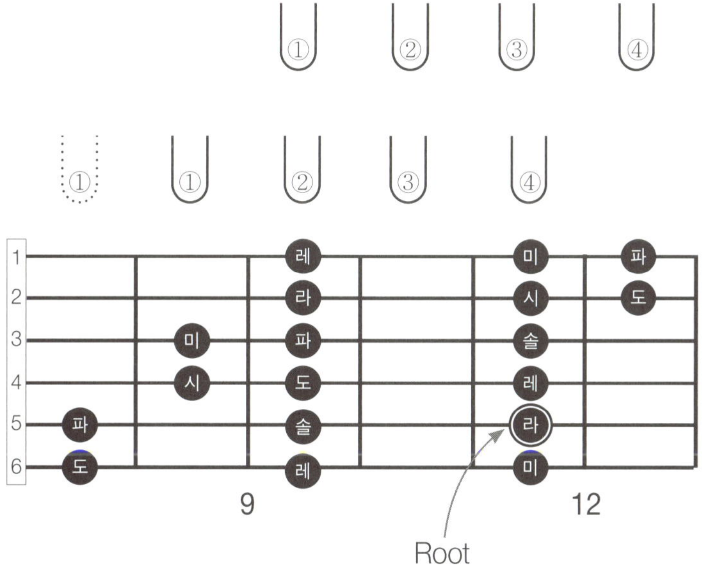

▶ 에올리언 스케일 4 연습 프레이즈

에올리언 스케일 폼 4를 기반으로 한 연습 프레이즈이다.

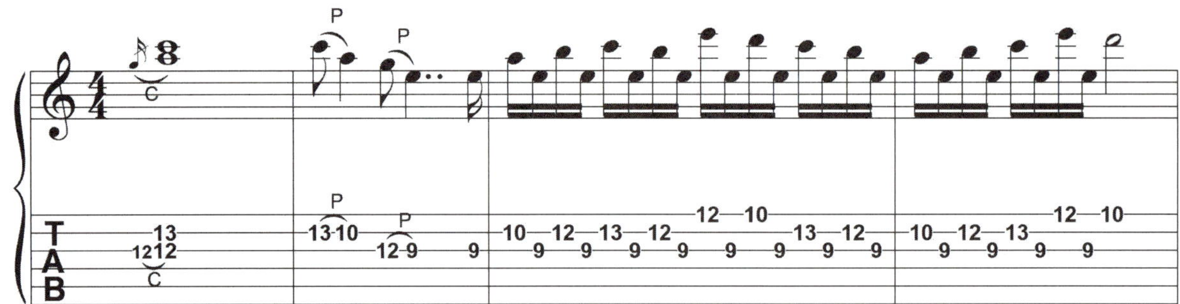

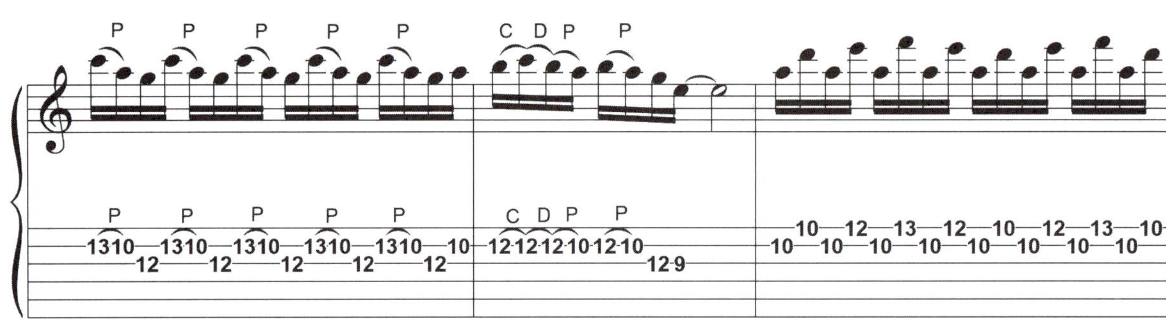

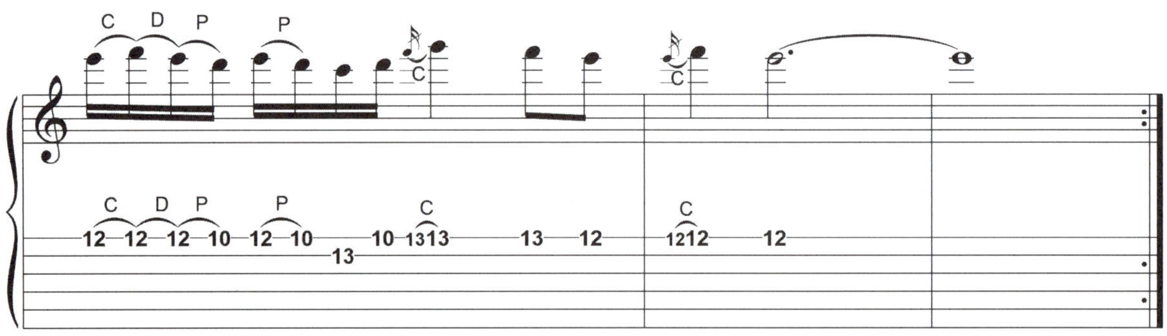

에올리언 스케일 폼 5

폼 4와 루트 위치가 동일한 에올리언 스케일 폼 5이다. 루트가 같은 경우에는 손가락 번호로 폼을 구분하며, 폼 4는 4번 손가락으로 시작하고, 폼 5는 1번 손가락으로 시작한다.

▶ A 에올리언 스케일 폼 5

폼 4와 연결되는 에올리언 스케일 폼 5이다. Am 스케일을 의식하며 연습한다.

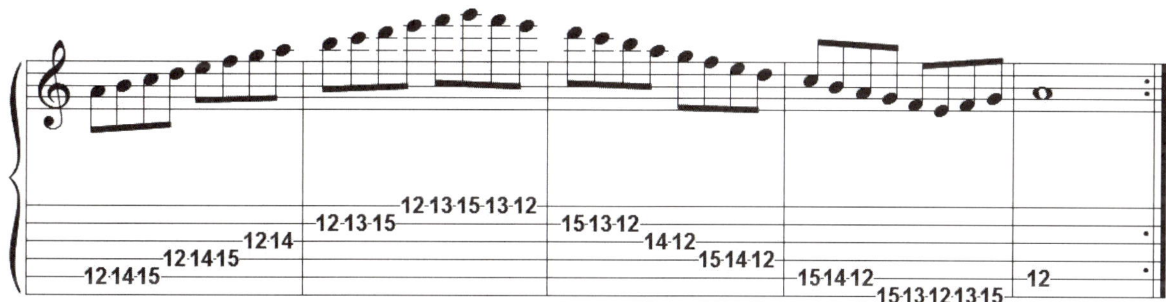

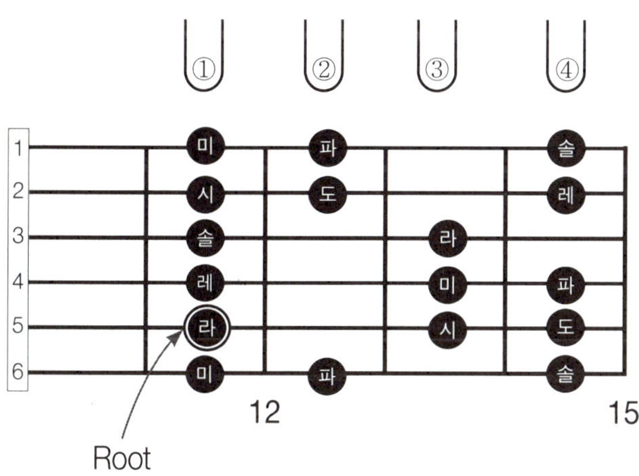

▶ 에올리언 스케일 5 연습 프레이즈

에올리언 스케일 폼 5를 기반으로 한 연습 프레이즈이다.

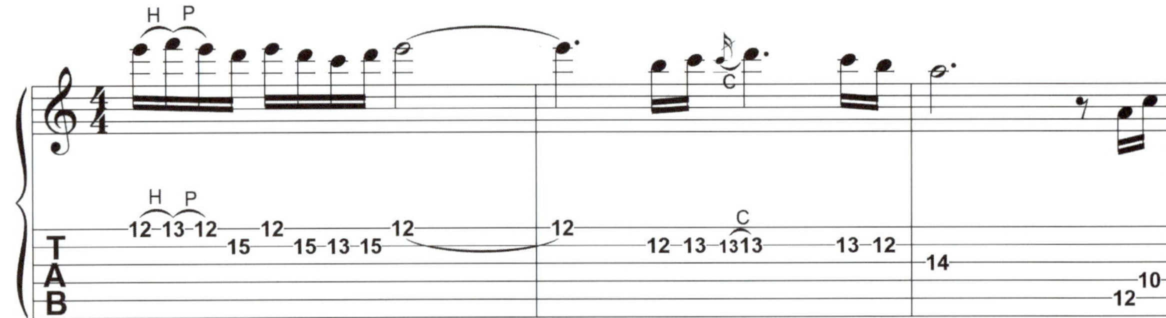

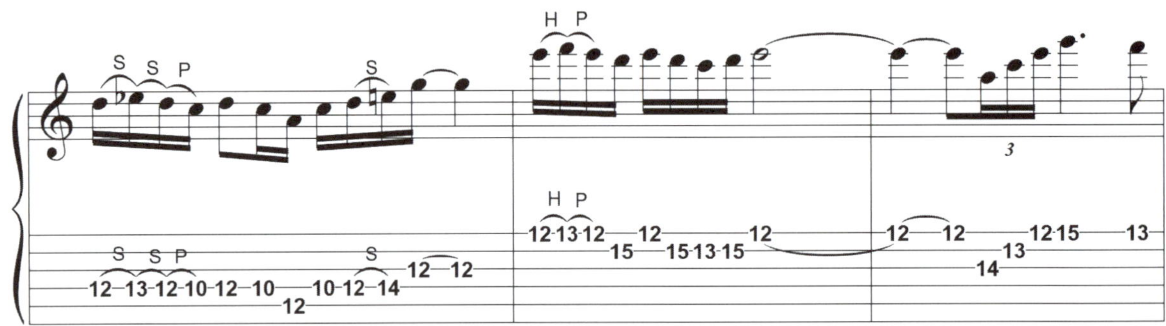

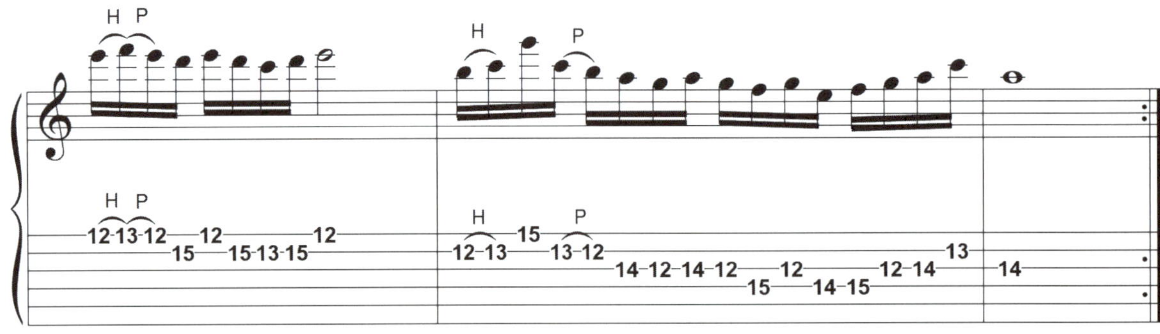

▶ 펜타토닉 스케일

록 기타 입문의 첫 번째 연습 과제는 펜타토닉 스케일이다. 펜타토닉은 5음계로, 기타 애드리브를 위해 필수적으로 연습해야 하는 스케일이다. 보통 기타를 배우면서 코드와 주법을 익히고, 좀 더 발전하고자 하는 마음이 생길 때 펜타토닉 스케일을 연습한다. 대부분은 여기서 포기하지만, 일부는 블루스 스케일과 모드 스케일까지 학습하며 프로 수준의 실력을 갖추게 된다. 본서에서 다루는 모드 스케일은 거의 마지막 과정에 해당하므로, 이를 학습하는 학생들은 대부분 이미 펜타토닉 스케일을 마스터했을 것으로 예상된다. 하지만 무엇보다 기초가 중요하므로, 점검 차원에서 다시 살펴본다.

팝 음악의 대부분은 메이저와 마이너 스케일을 바탕으로 한 조성 음악이다. 화성적으로 반음 관계의 두 음이 동시에 울리는 것은 듣기 좋지 않다는 원칙이 있다. 하지만 과거 흑인 노예들은 음악을 정식으로 배우거나 이론을 공부할 수 없었기 때문에, 카피를 통해 연주하며 자신의 느낌을 담은 애드리브를 발전시켜 나갔다. 이 과정에서 반음으로 부딪치는 소리가 듣기 싫다는 것을 본능적으로 깨닫고 해당 음을 배제하게 되었을 것이라는 추론이 있으며, 이것이 펜타토닉 스케일의 근원이라는 설이 있다.

메이저 스케일에서 반음 관계에 있는 음은 3음(미)과 4음(파), 7음(시)과 1음(도)이다. 1음(도)과 3음(미)는 조성을 결정하는 주요 음이므로 제외할 수 없고, 4음(파)와 7음(시)를 제거하면 (도, 레, 미, 솔, 라)의 5음만 남게 된다. 이것이 펜타토닉 스케일이다.

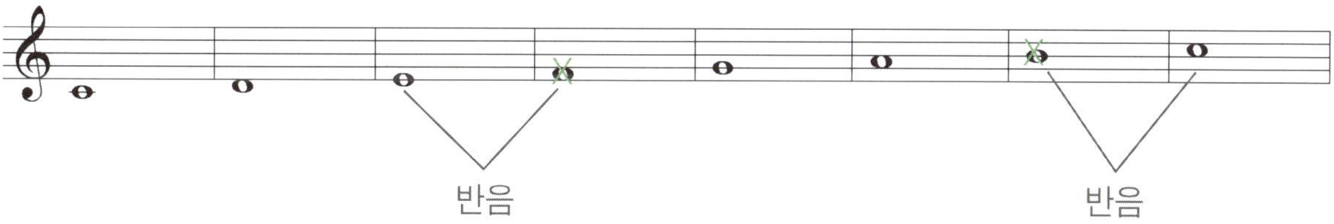

C 메이저 펜타토닉 스케일을 6음(라)에서 시작하면, 나란한 조의 Am에서도 그대로 사용할 수 있으며, 이를 마이너 펜타토닉 스케일로 구분하기도 한다. 그러나 메이저와 마이너로 나누는 것은 이론상의 구분일 뿐, 실제로는 단순히 펜타토닉 스케일이며, A 펜타토닉을 C와 Am 모두에서 자유롭게 사용할 수 있다.

C 메이저 펜타토닉 스케일

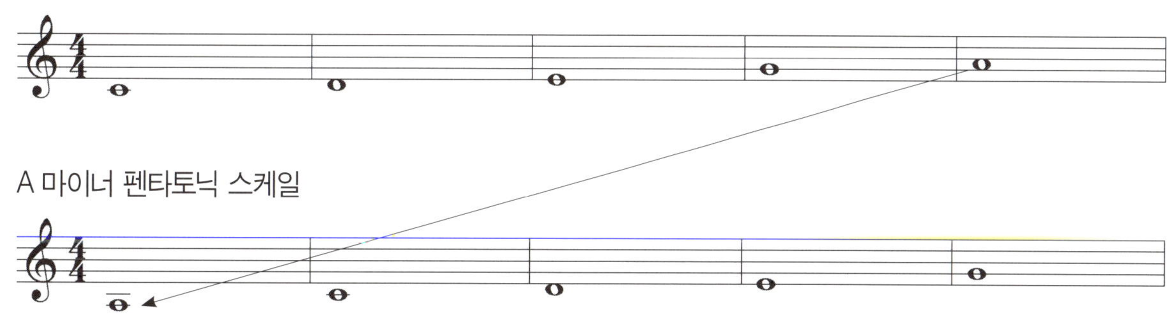

A 마이너 펜타토닉 스케일

▶ 6번 줄을 루트로 하는 펜타토닉 스케일 폼 A

6번 줄을 루트로 하는 A 펜타토닉 스케일 폼이다. 기타 넥 중간 포지션에 위치하여 연주가 편하고, 가장 먼저 연습하는 폼이다. 포지션을 이동하면 1프렛 Fm(Ab)부터 12프렛 Em(G)까지 모든 키에 적용 가능하다. 실제로 가장 많이 사용되는 펜타토닉 폼이기도 하다.

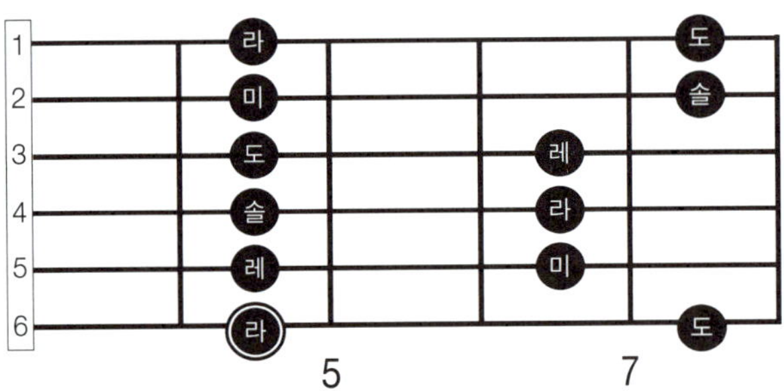

▶ 6번 줄을 루트로 하는 펜타토닉 스케일 폼 B

6번 줄을 루트로 하는 A 펜타토닉 스케일의 두 번째 폼이다. 포지션을 15프렛 Gm(Bb)까지 이동시켜 12키에 모두 적용할 수 있지만, 단독으로 사용되기보다는 앞서 소개한 A 폼과 연결하여 활용되는 경우가 많다.

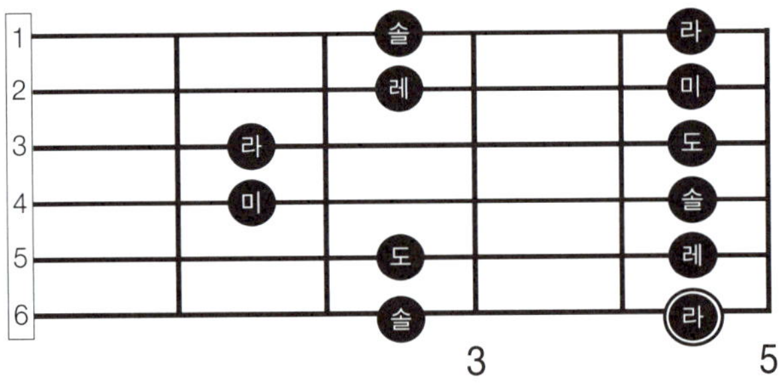

▶ 4번 줄을 루트로 하는 펜타토닉 스케일 폼

4번 줄을 루트로 하는 A 펜타토닉 스케일 폼이다. 실제로는 6번 줄 A 폼과 5번 줄 B 폼을 연결하는 과정에서 자연스럽게 만들어진 것으로 두 폼을 연결하는 역할을 한다.

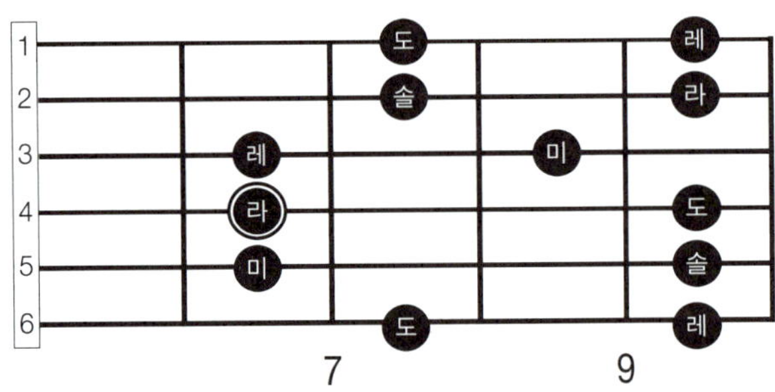

▶ 5번 줄을 루트로 하는 펜타토닉 스케일 폼 A

5번 줄을 루트로 하는 A 펜타토닉 스케일 폼이다. 6번 줄 A 폼 다음으로 많이 사용되며, 실제로 6번 줄 A 폼과 5번 줄 A 폼만 연습해도 충분하다는 의견이 많다.

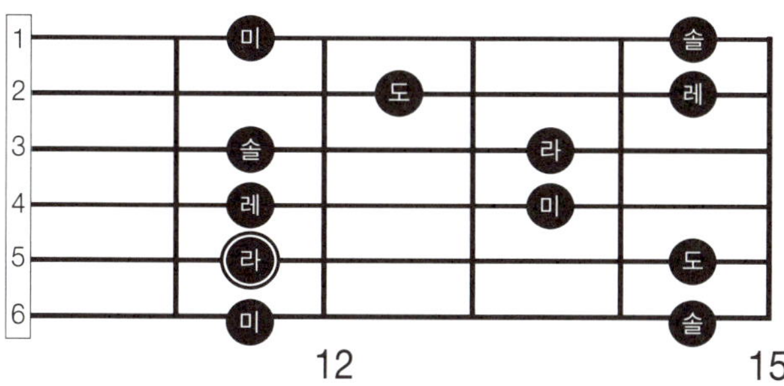

▶ 5번 줄을 루트로 하는 펜타토닉 스케일 폼 B

5번 줄을 루트로 하는 A 펜타토닉 스케일의 두 번째 폼이다. 6번 줄 B 폼과 마찬가지로, 단독으로 사용되기보다는 앞서 소개한 5번 줄 A 폼과 연결하여 활용되는 경우가 많다.

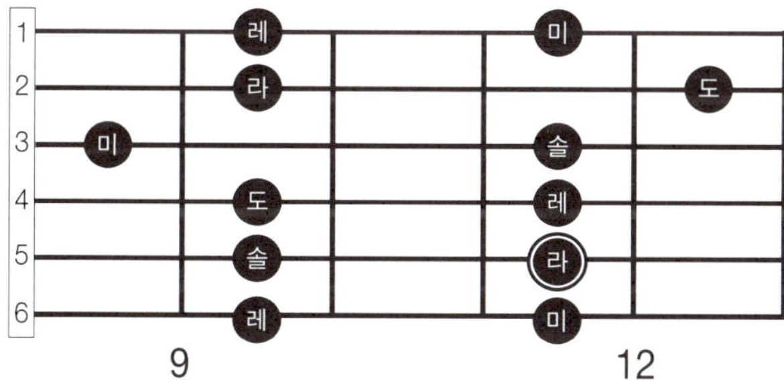

▶ 펜타토닉 스케일 폼의 연결

기타의 개방 현부터 5개의 폼을 모두 연결하면, 총 3옥타브 범위를 연주할 수 있다. 대부분의 록 음악에서 펜타토닉 스케일이 사용되므로, 자신이 좋아하는 곡을 카피하며 응용력을 키워보길 바란다.

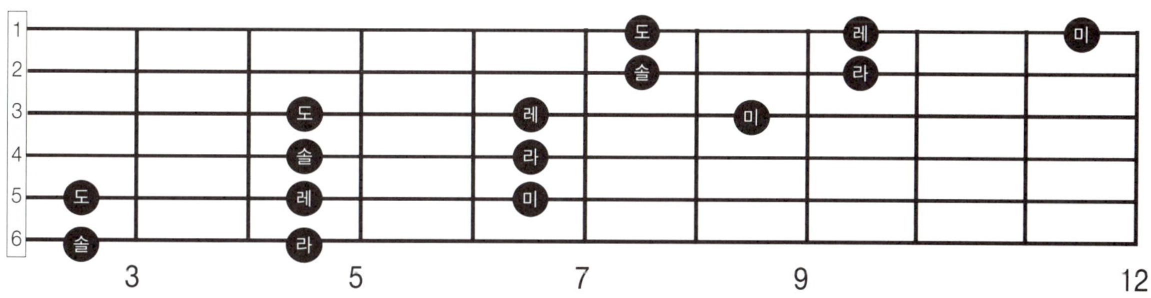

Michael Schenker Style Licks

에올리언 스케일 학습 편에서 연습할 릭(Lick)은 독일의 기타리스트이자 작곡가인 마이클 쉥커(Michael Schenker) 스타일이다. 그는 스콜피언스의 리더 루돌프 쉥커(Rudolf Schenker)의 동생이며, 현재는 마이클 쉥커 그룹의 리더로 활동하고 있다.

▲ 마이클 쉥커 (Michael Schenker, 1955년 1월 10일 ~) : 독일의 국민 밴드 스콜피온즈의 창립 멤버이자 초대 리드 기타리스트이며, 리더 루돌프 쉥커의 동생이다. 어린 시절부터 형 대신 밴드의 리드 기타를 맡을 정도로 뛰어난 재능을 보였다. 영국에서 떠오르던 밴드 UFO의 독일 공연 당시, 기타리스트가 여권 문제로 입국하지 못하게 되자 대타로 참여하게 되었고, 이를 계기로 팀에 합류하여 영국으로 건너가 Phenomenon 앨범을 발표하며 성공가도를 달렸다. 그러나 밴드 리더였던 필 모그와의 갈등으로 1979년 UFO를 떠나 고향으로 돌아왔고, 자신만의 밴드 MSG (Michael Schenker Group)를 결성했다. 초기 3장의 앨범은 실패로 끝나면서 슬럼프를 겪었으나, 2005년 MSG 25주년 투어를 시작으로 재기에 성공했다. 이후 2010년 Classic Rock Roll of Honour Awards에서 Marshall "11" Award를 수상하며 전통 록을 대표하는 인물 중 하나로 자리매김했다.

Licks 1

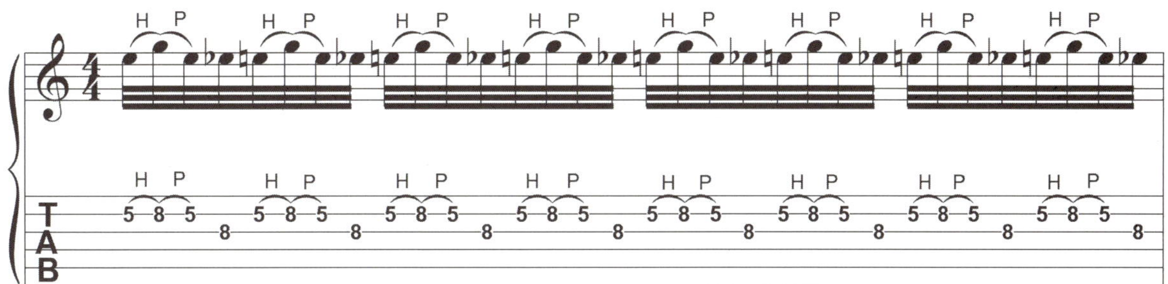

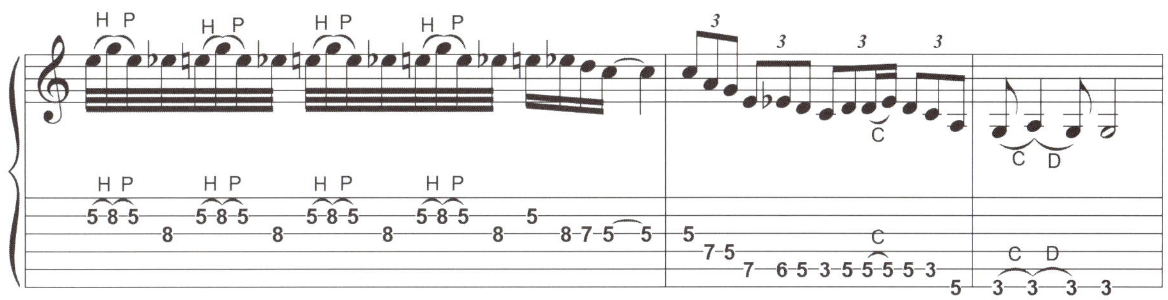

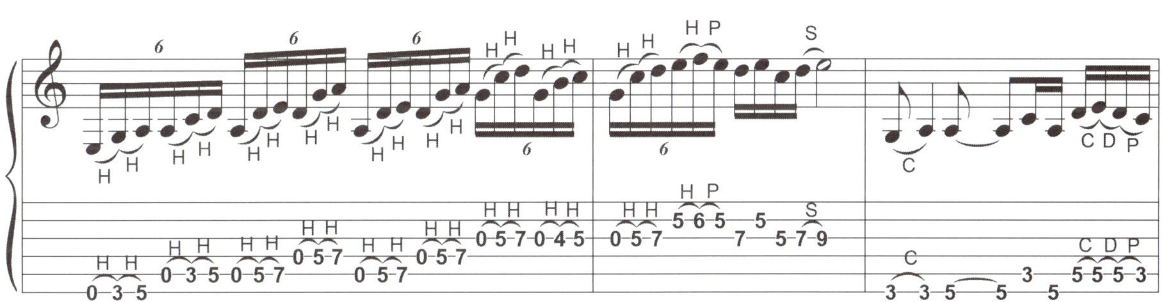

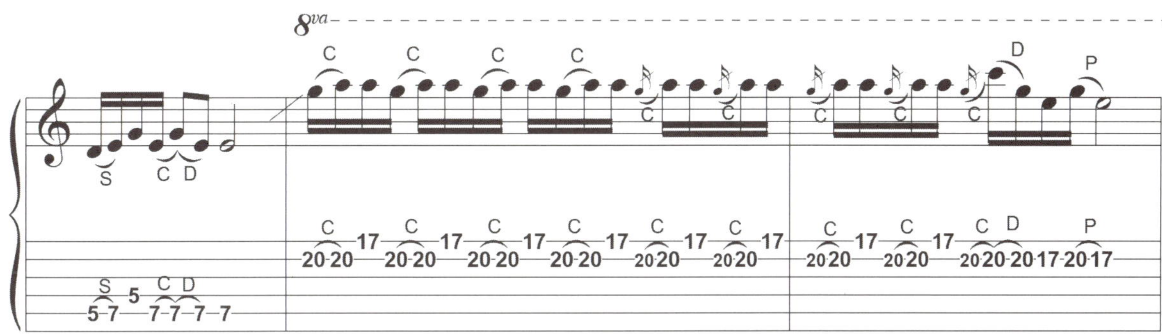

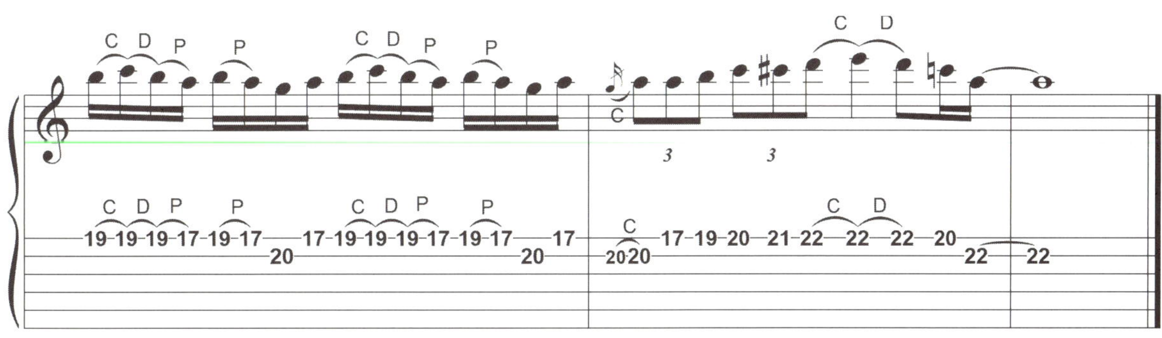

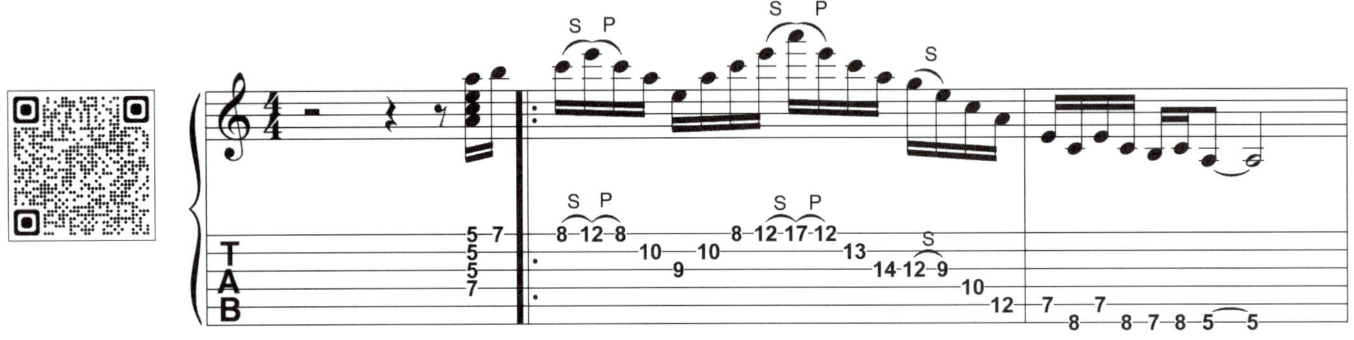

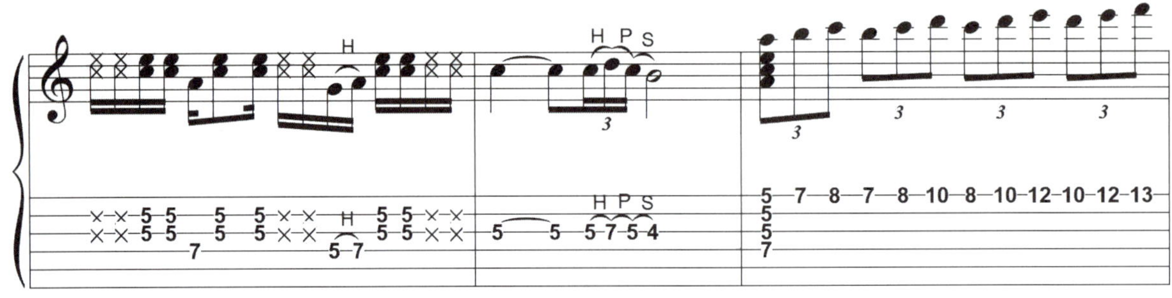

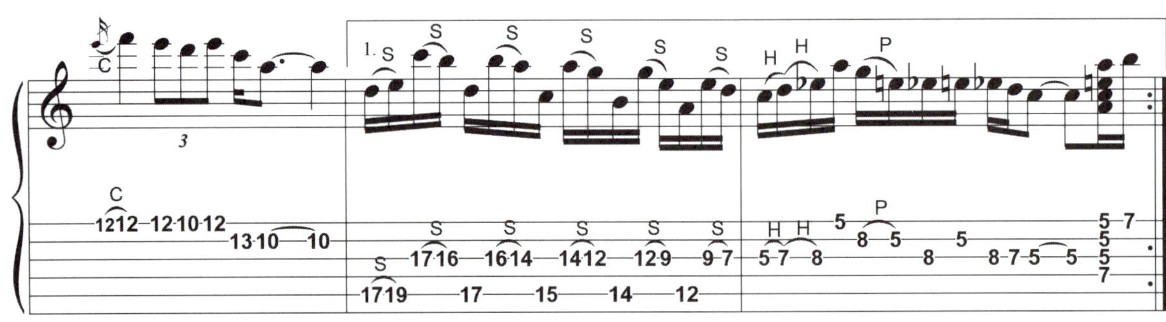

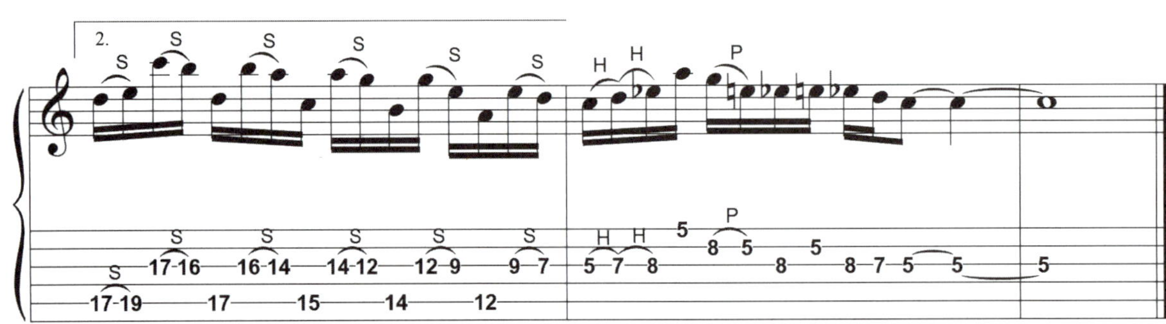

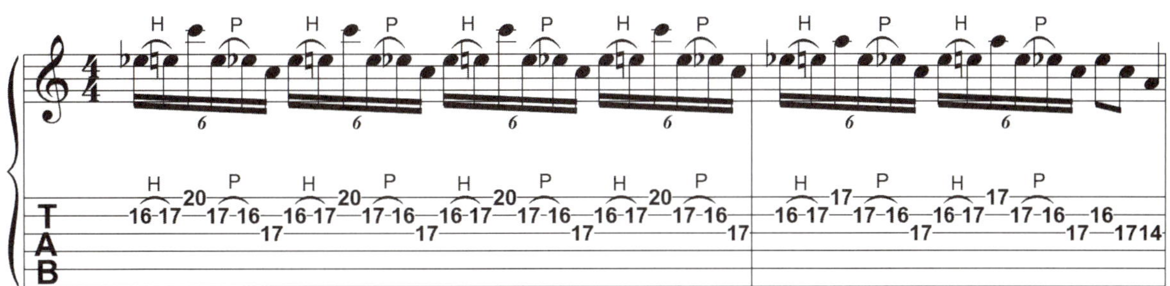

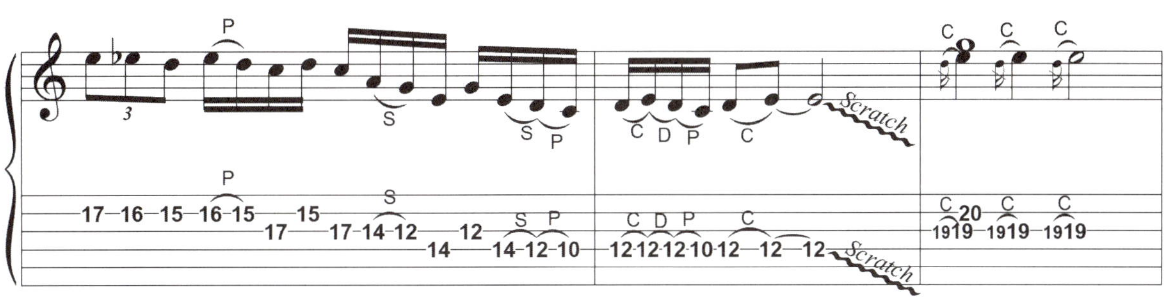
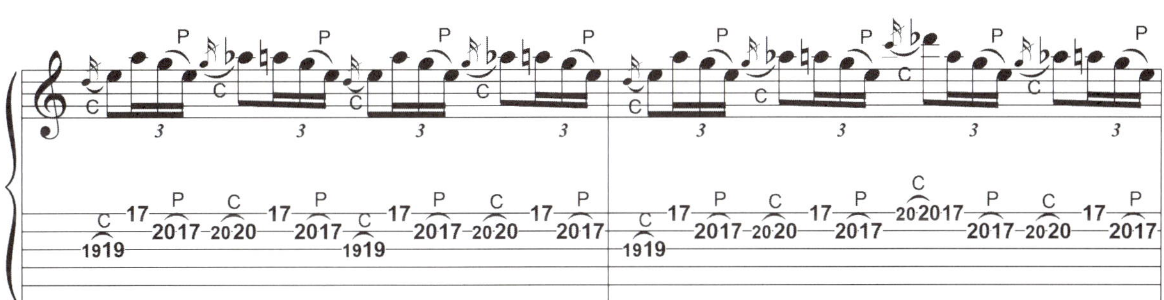
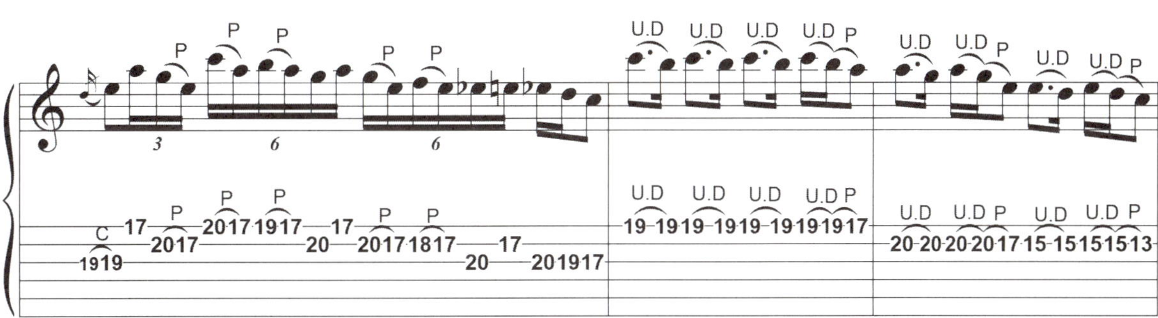
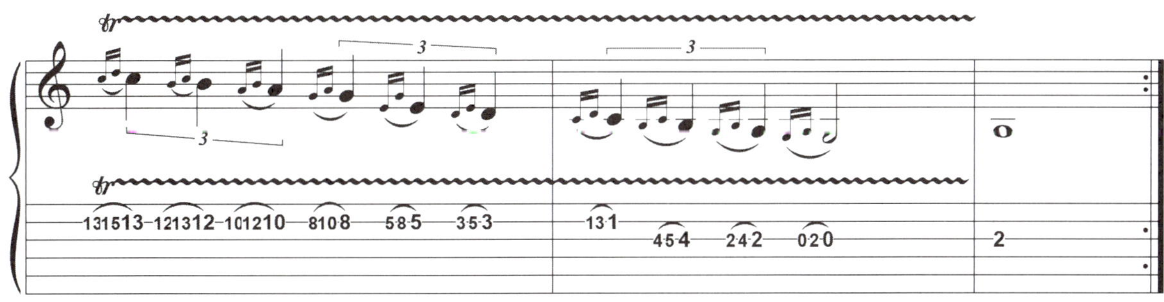

7

로크리언 스케일

로크리언 스케일

로크리언은 메이저 스케일의 7음열에서부터 나열한 것과 동일하다. C 메이저 스케일을 예로 들면, 7음이 (시)이므로, (시, 도, 레, 미, 파, 솔, 라)로 나열되어 〈반, 온, 온, 반, 온, 온, 온〉 간격이다. 1음과 2음, 4음과 5음이 반음 간격이며, 같은 간격으로 (도)부터 나열하면 C 로크리언 스케일이 된다. 로크리언 스케일의 색깔을 나타내는 캐릭터 음은 5음이다.

▶ C 로크리언 스케일

C(도)에서 〈반, 온, 온, 반, 온, 온, 온〉 간격으로 나열한 것으로 Db 메이저 스케일과 같다.

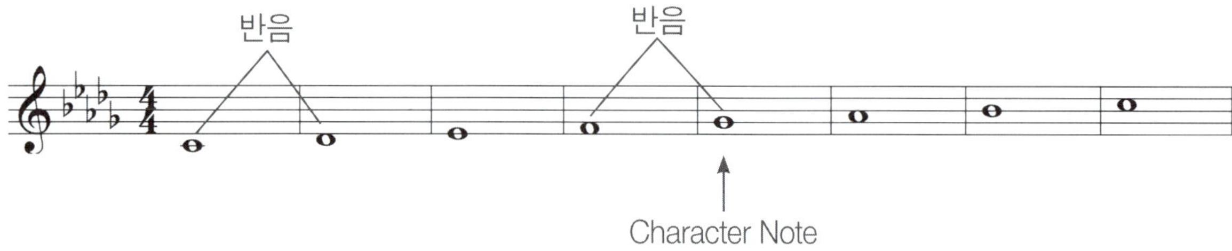

▶ E 로크리언 스케일

E(미)에서 〈반, 온, 온, 반, 온, 온, 온〉 간격으로 나열한 것으로 F 메이저 스케일과 같다.

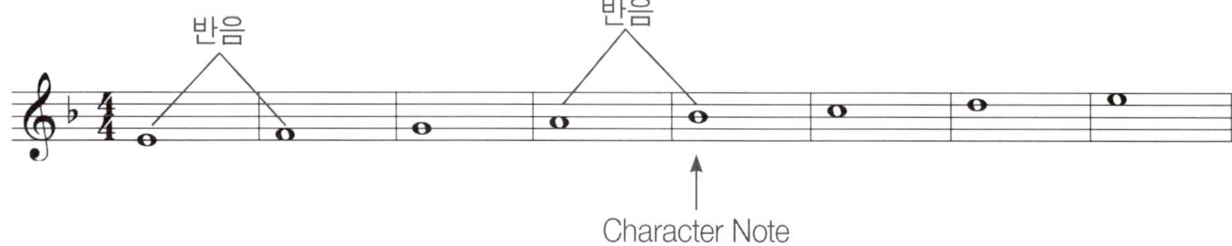

로크리언 스케일 폼 1

연습은 루트가 E인 E 로크리언 스케일로 한다. 로크리언 스케일은 메이저 스케일의 7음열에서 만들어
지므로, E음을 7음으로 포함하는 F 메이저 스케일과 동일하다.

▶ E 로크리언 스케일 폼 1

5번 줄 7프렛의 루트 E 음에서 3번 손가락으로 시작되는 E 로크리언 스케일 폼이다.

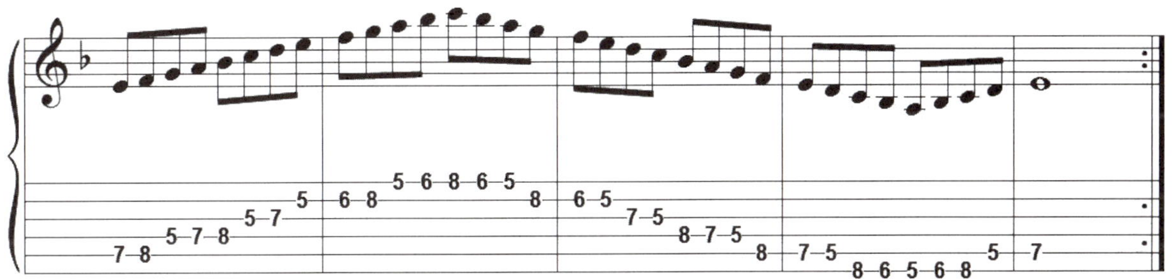

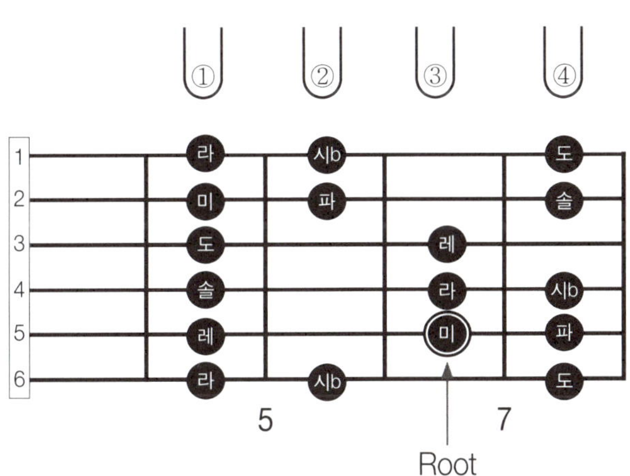

로크리언 스케일 폼 2

로크리언 스케일의 두 번째 폼이다. 폼 1의 변형이므로, 폼 1과 폼 2를 혼용해 사용하는 경우가 많다. 두 폼의 루트 위치가 같으며, 폼 1은 3번 손가락, 폼 2는 4번 손가락으로 루트 위치와 손가락 번호를 연결해 기억한다.

▶ E 로크리언 스케일 폼 2

5번 줄 7프렛 루트(E)에서 4번 손가락으로 시작되는 E 로크리언 스케일의 두 번째 폼이다. 폼 1과 변형 관계에 있으며, 두 폼을 연결해 연습하면 활용도가 높다.

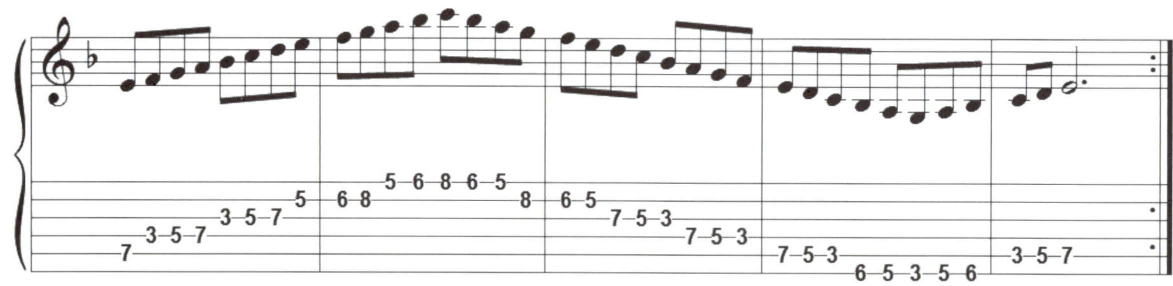

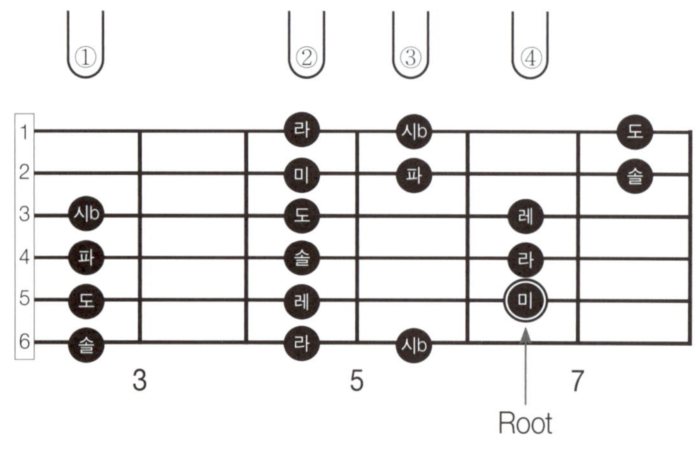

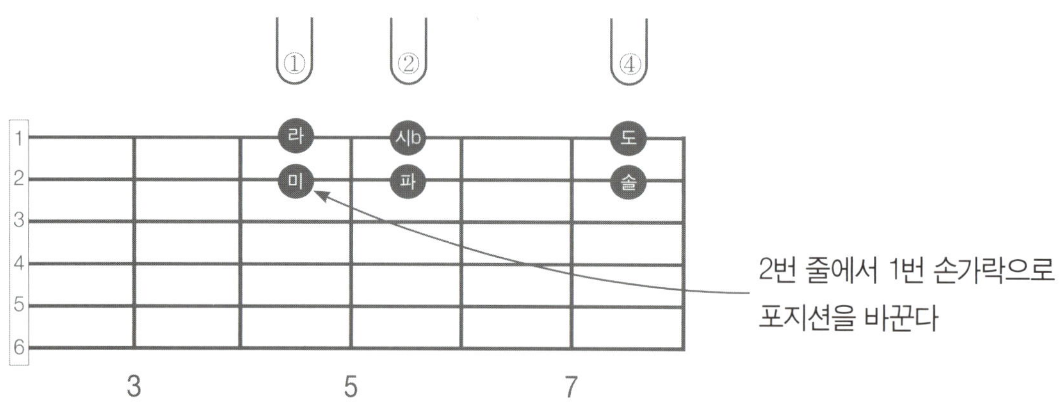

▶ 로크리언 스케일 1+2 연습 프레이즈

폼 1과 폼 2를 혼용하여 연주하는 연습 프레이즈이다.

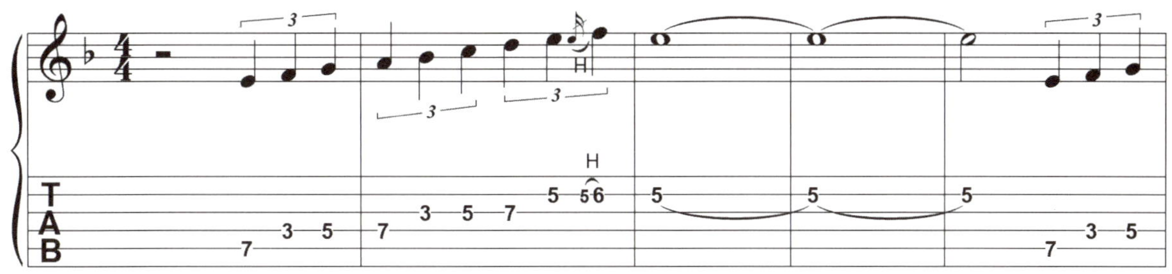

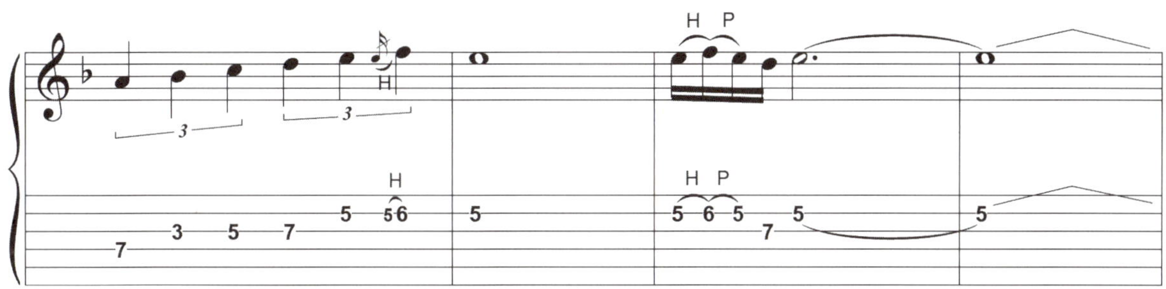

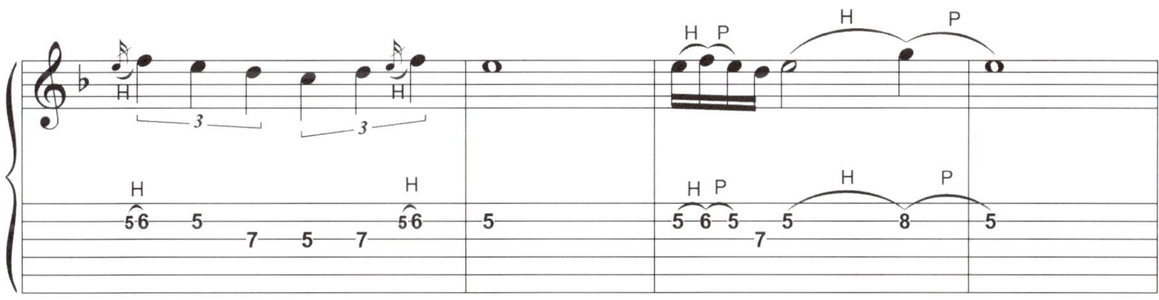

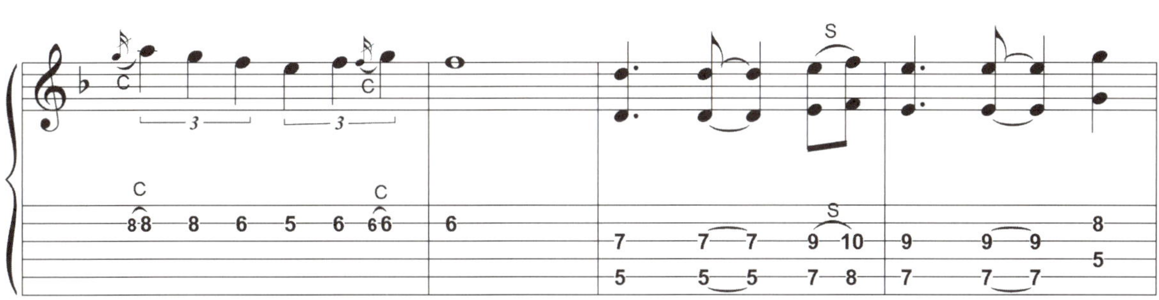

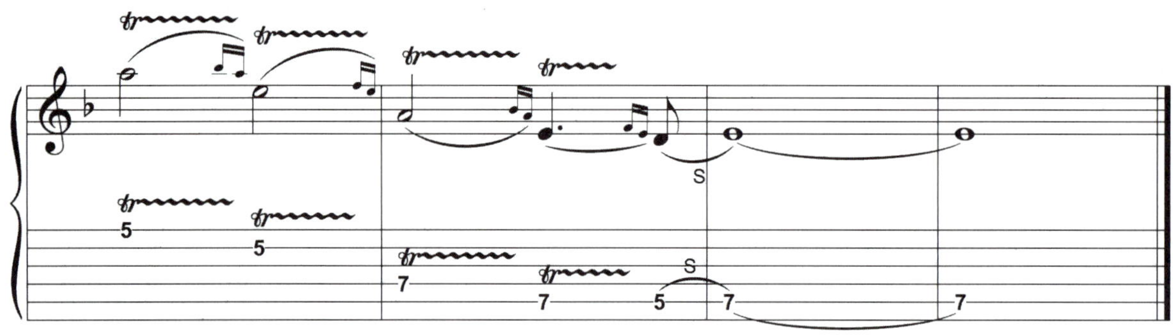

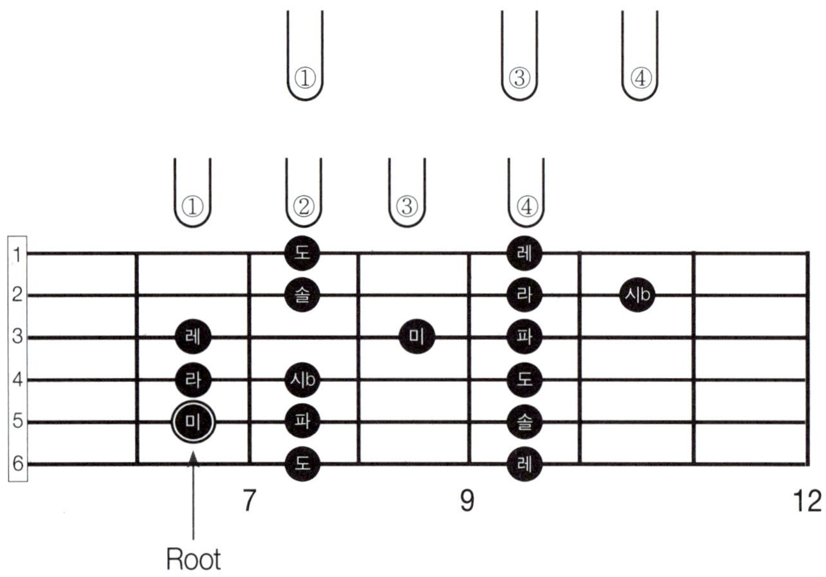

▶ E 로크리언 스케일 폼 3의 변형

손이 작은 경우에는 다음 페이지에서 소개하는 로크리언 스케일 폼 3에서 1번 줄의 E음과 6번 줄의 Bb음을 생략한 변형 폼으로 연습해도 좋다. 손가락을 벌리지 않고도 스케일 연습이 가능하며, 폼 3의 기본 패턴과 음감을 익히는 데 충분하다.

로크리언 스케일 폼 3

로크리언 스케일 폼 3번이다. 1번과 6번 줄에서 6프렛 폭을 사용하기 때문에 다소 어려움이 있을 수 있
다. 손이 작은 경우에는 1번 줄의 E음과 6번 줄의 Bb음을 생략한 앞의 변형 폼으로 연습해도 좋다.

▶ E 로크리언 스케일 폼 3

5번 줄 7프렛 루트(미)에서 시작되는 E 로크리언 스케일 폼이다. 2번 줄에서 포지션 이동이 있으며, 6번 줄
7프렛(Bb)은 1번 손가락, 1번 줄의 E음은 4번 손가락을 벌려 연주한다.

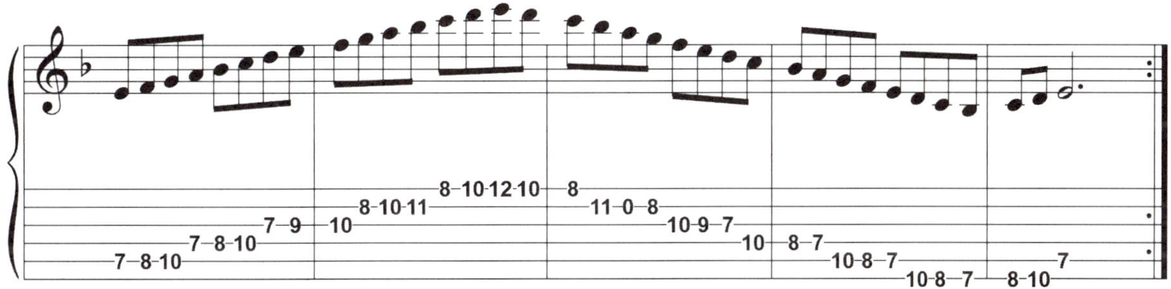

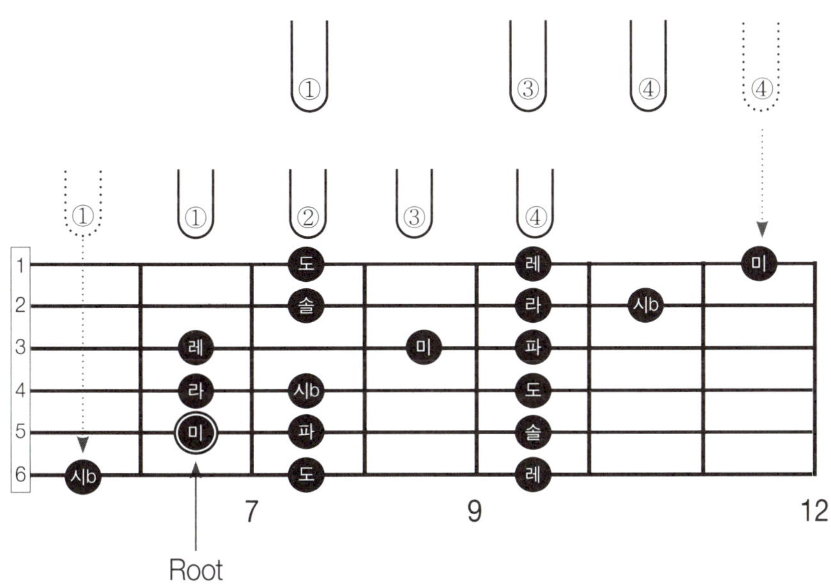

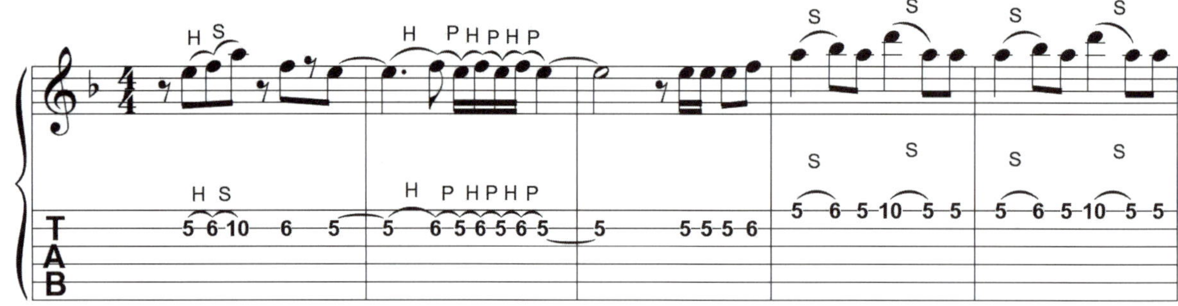

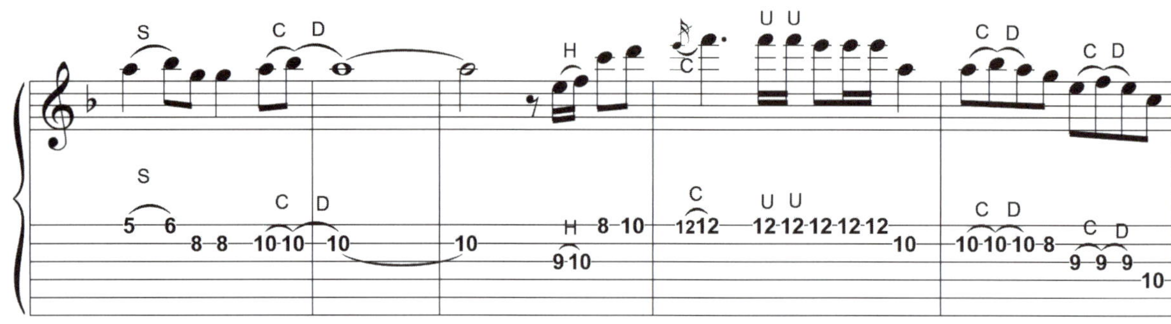

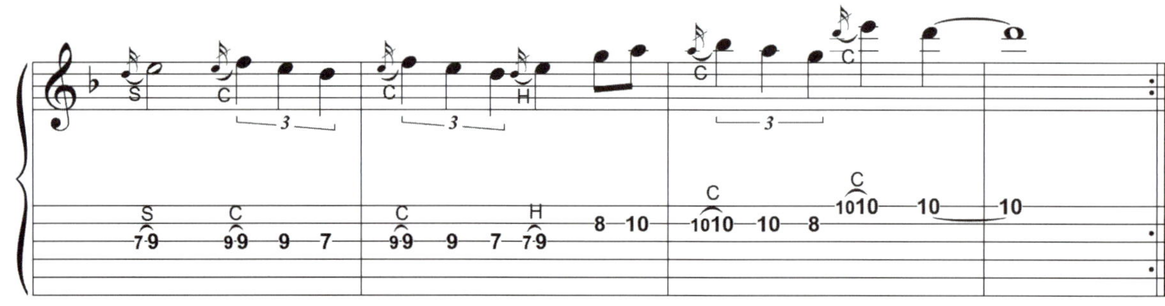

7-4 로크리언 스케일 폼 4

5번 줄 7프렛 루트(미)에서 시작되는 E 로크리언 스케일 폼이다. 2번 줄에서 포지션 이동이 있으며, 6번 줄 7프렛(Bb)과 1번 줄 E음을 포함해 연주한다.

▶ E 로크리언 스케일 폼 3

5번 줄 7프렛 루트(미)에서 시작되는 E 로크리언 스케일 폼이다. 2번 줄에서 포지션 이동이 있으며, 6번 줄 7프렛(Bb)은 1번 손가락, 1번 줄 E음은 4번 손가락으로 벌려서 연주한다.

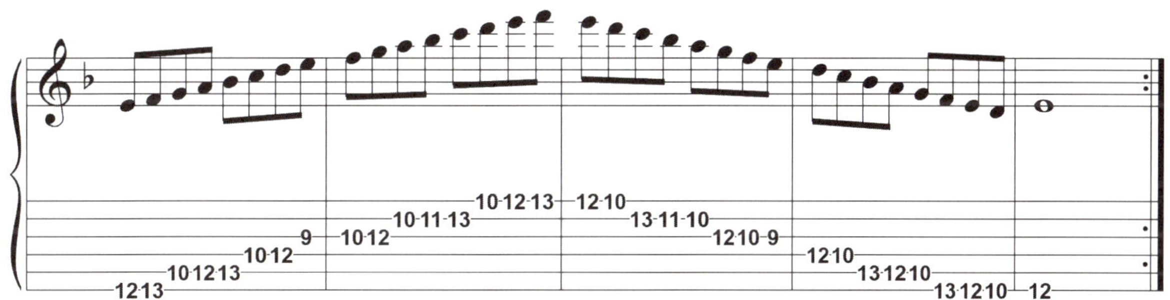

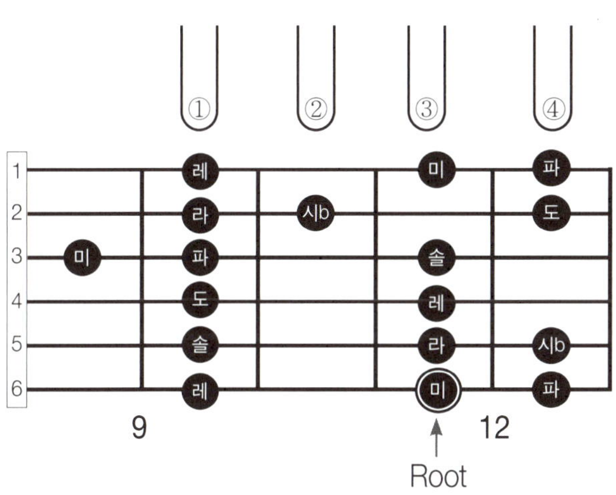

▶ 로크리언 스케일 4 연습 프레이즈

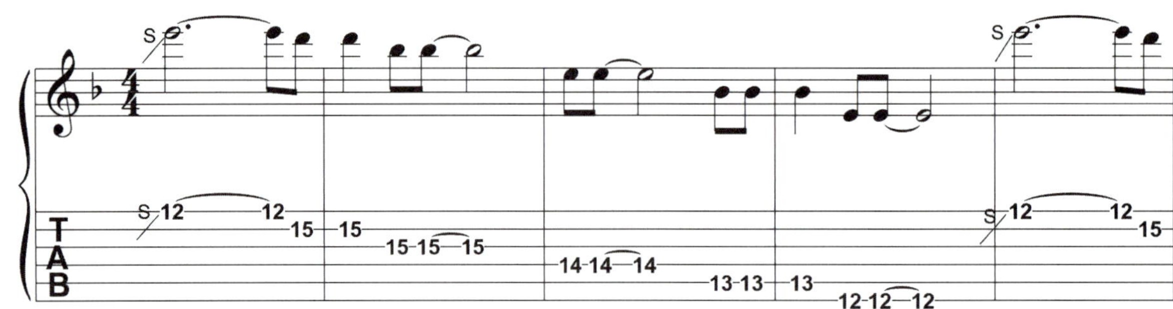

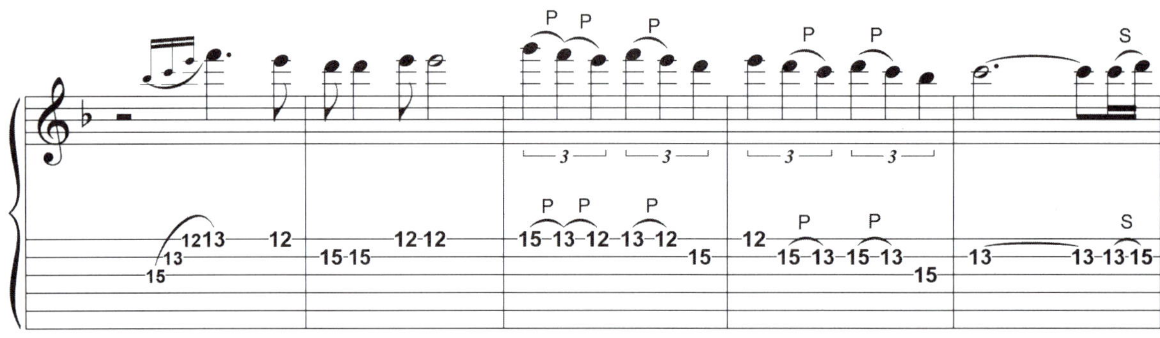

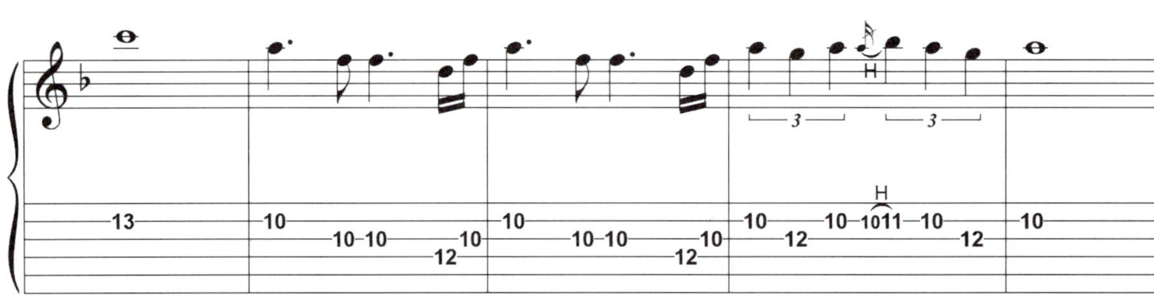

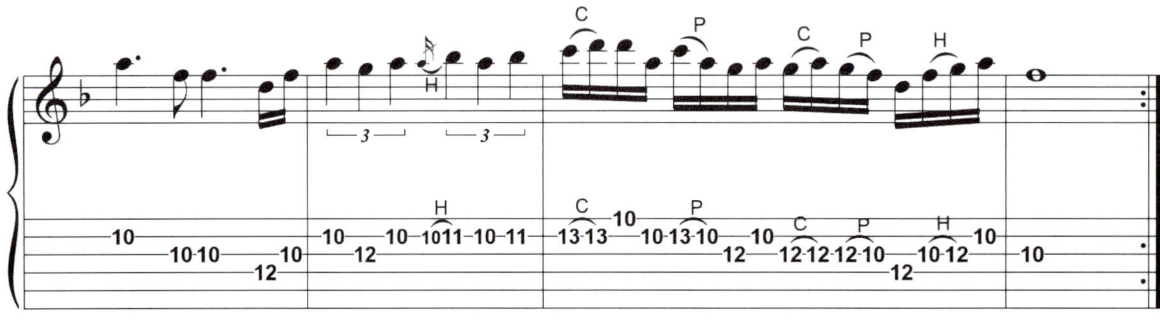

로크리언 스케일 폼 5

5번 줄 7프렛 루트(미)에서 3번 손가락으로 시작되는 E 프리지언 스케일 폼이다.

▶ E 프리지언 스케일 폼 5

6번 줄 12프렛 루트(미)에서 4번 손가락으로 시작되는 E 프리지언 스케일 폼이다. 6번 줄(라)와 5번 줄(파)은
1번 손가락을 벌려 연주하며, 2번 줄에서 포지션 이동이 발생한다.

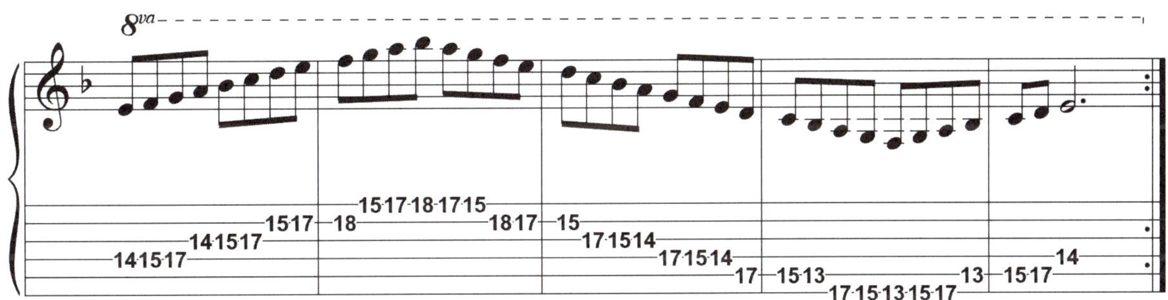

2번 줄에서 포지션이 이동하며, 5번 줄과 6번 줄의 1프렛은 1번 손가락을 벌려 연주한다.

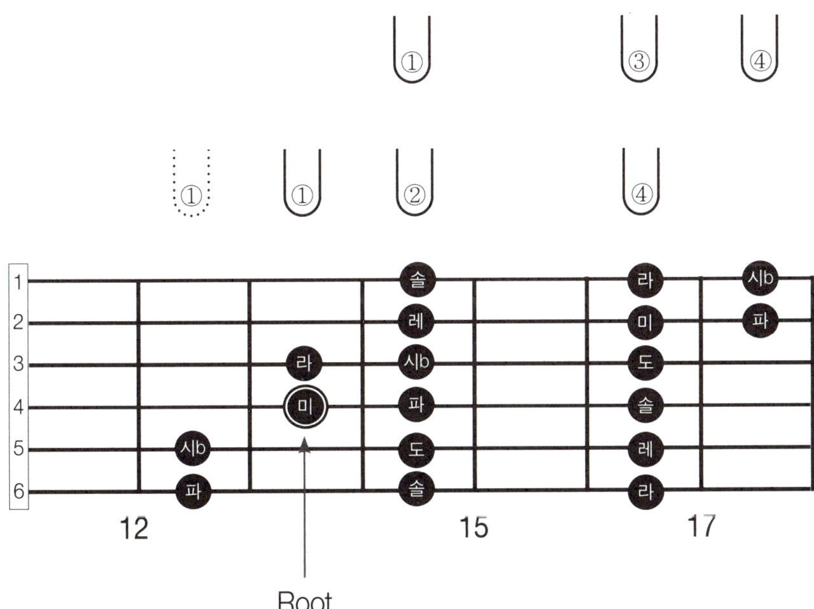

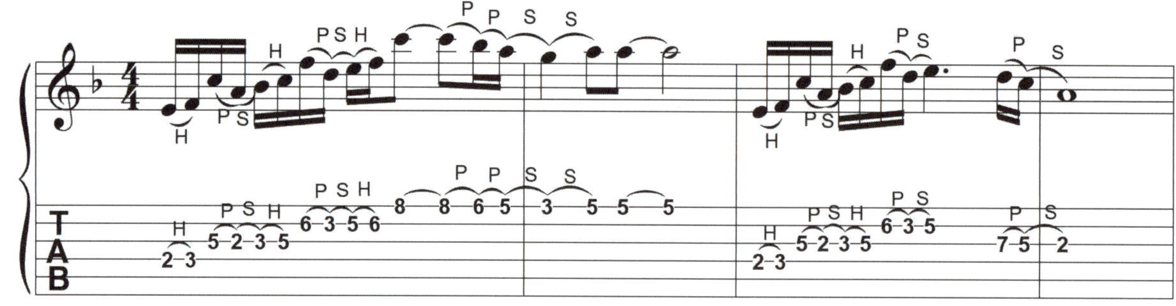

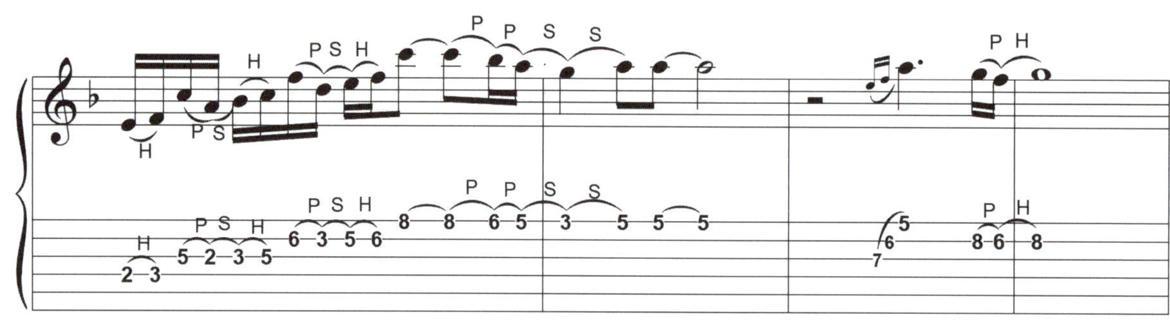

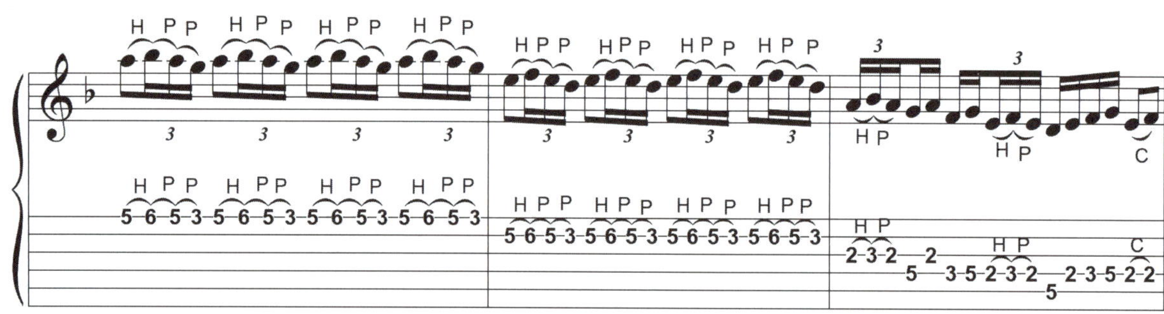

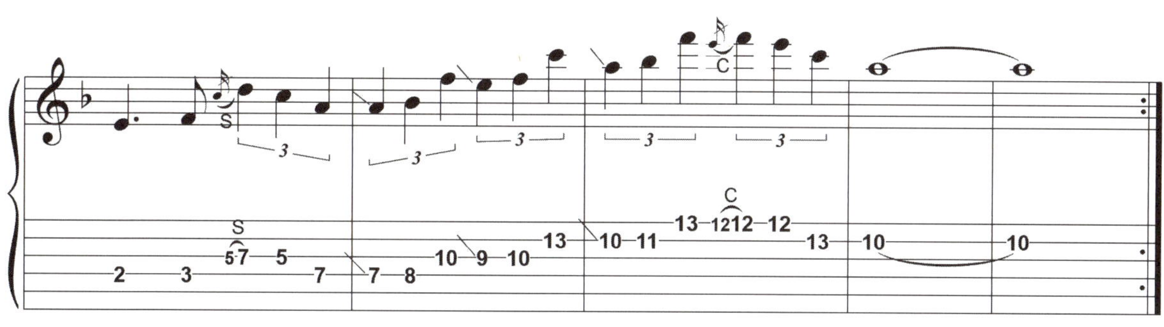

▶ 블루스 스케일

에올리언 프레이즈 연습에서 스케일에 없는 b5음이 사용되었다. 이를 블루 노트라고 하며, 펜타토닉 스케일에 블루 노트 b5음을 포함시킨 것이 블루스 스케일이다.

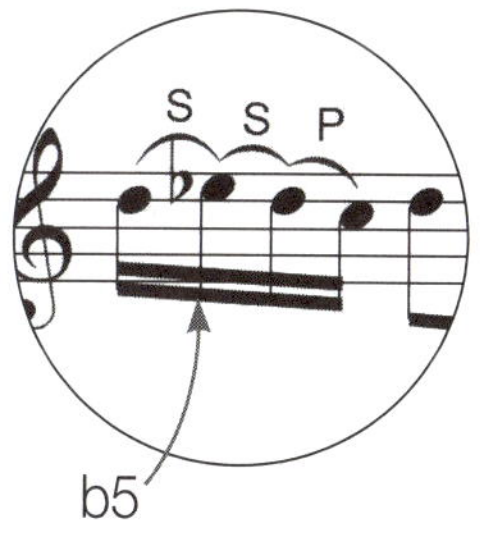

〈A 마이너 펜타토닉〉

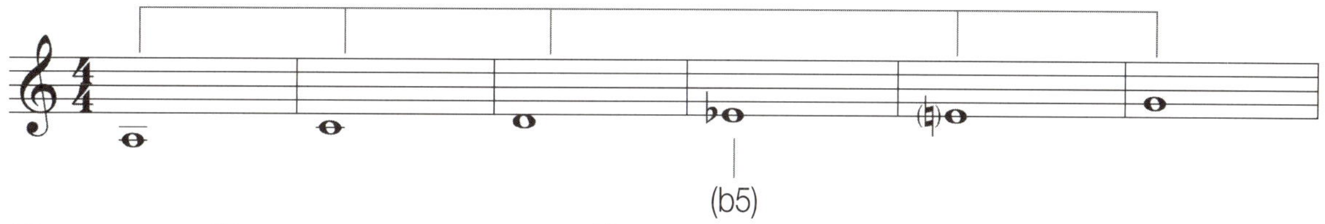

(b5)

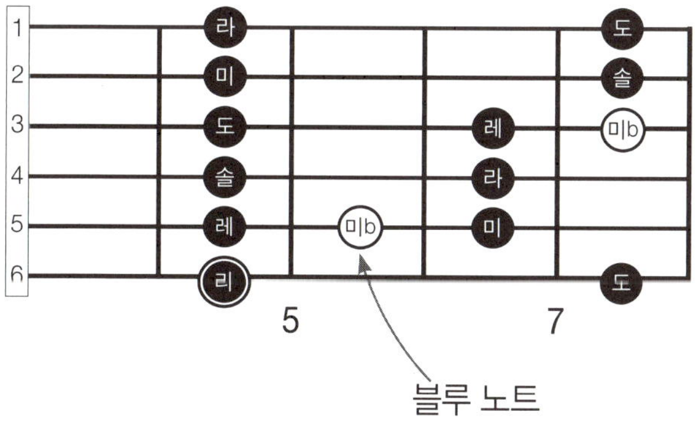

펜타토닉 스케일 폼에 b5음이 추가된 것이므로 어렵지 않게 익힐 수 있다. 앞서 살펴본 5개의 펜타토닉 스케일 폼 모두를 연습하기 바란다. 모든 스케일에서 사용할 수 있지만, 마이너 계열의 에올리언 스케일에서 특히 많이 사용된다.

Joe Satriani Style Licks

로크리언 스케일 학습 편에서 연습하는 릭(Lick)은 연주자들에게 존경받는 미국 출신 기타리스트 조 새트리아니 스타일이다. 탄탄한 이론과 함께 라이브 및 음반 세션 모두에서 최고의 연주 실력을 갖추고 있는 살아있는 전설로 알려져 있다.

▲ 조 새트리아니 (Joe Satriani, 1956년 7월 15일 ~) : 뉴욕 롱 아일랜드 웨스트베리 출생으로, 그의 이름이 알려지기 시작한 것은 롤링 스톤스를 비롯한 여러 록 밴드의 세션으로 참여하면서부터였다. 1986년 솔로 데뷔 앨범 Not Of This Earth를 발표하며 정식으로 록계에 등장했다. 이론과 기술적인 면에서 항상 미래적인 시도를 하며 기타 표현의 방법적 틀을 넓혀 왔다. 세밀한 코드 보이싱, 인상적인 멜로디 라인, 뛰어난 테마 전개, 능수능란한 경과음 배치, 현란한 핑거링으로 구현되는 부드러운 레가토 속주, 슬래핑을 활용한 독창적인 화성 구조 등, 일일이 열거하기 힘들 만큼 다양한 기타 세계를 보여주고 있다.

음반 목록 : Not of This Earth (1986), Surfing with the Alien (1987), Flying in a Blue Dream (1989), The Extremist (1992), Time Machine (1993), Joe Satriani (1995), Crystal Planet (1998), Engines of Creation (2000), Strange Beautiful Music (2002)...

▶ Licks 1

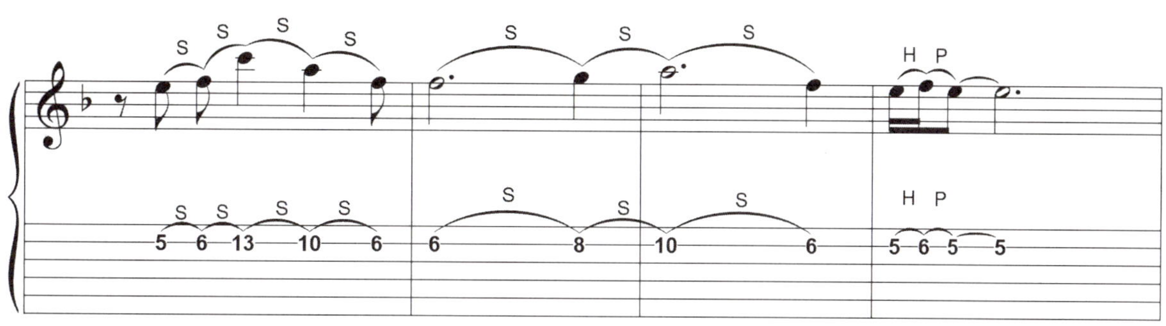

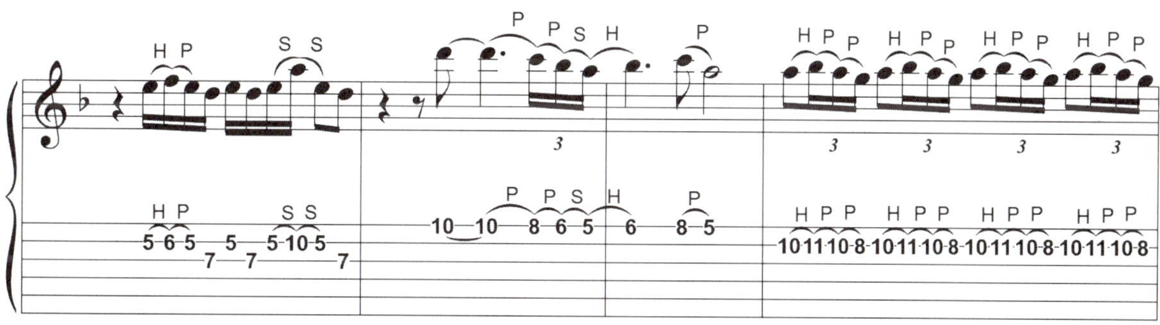

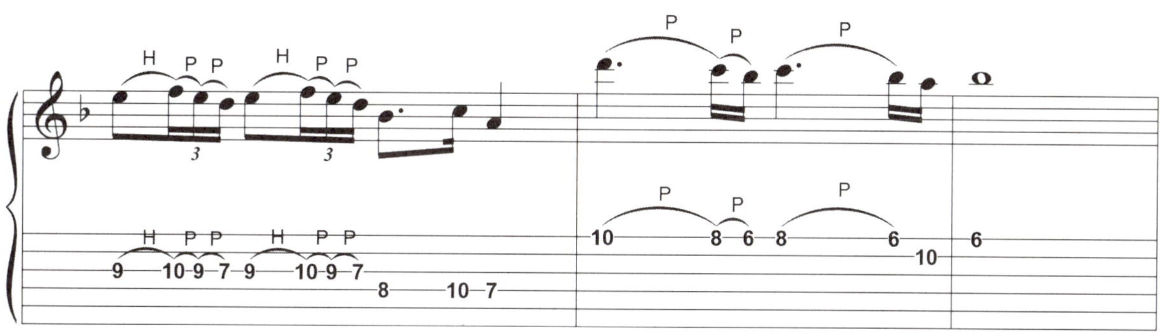

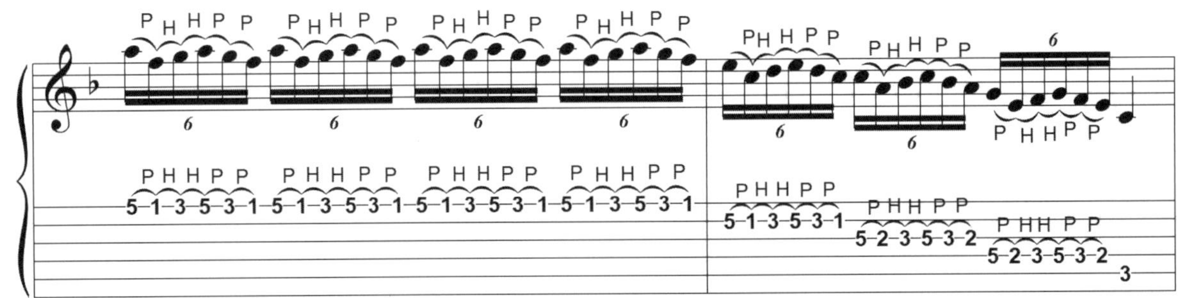

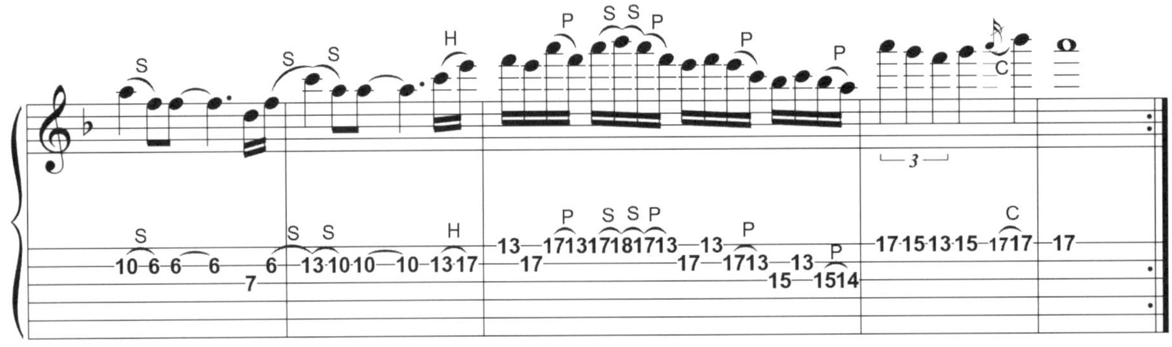

〈Licks 2〉

1 마디 : 1마디 : 오른손으로 2번 줄 5프렛(E음)을 잡고, 왼손으로 2번 줄 10프렛(A음)을 트릴 연주.

3-6 마디 : 왼손 트릴 음은 동일하게 유지. 오른손 프렛 이동 순서는 5 → 6 → 5 → 3 → 5.

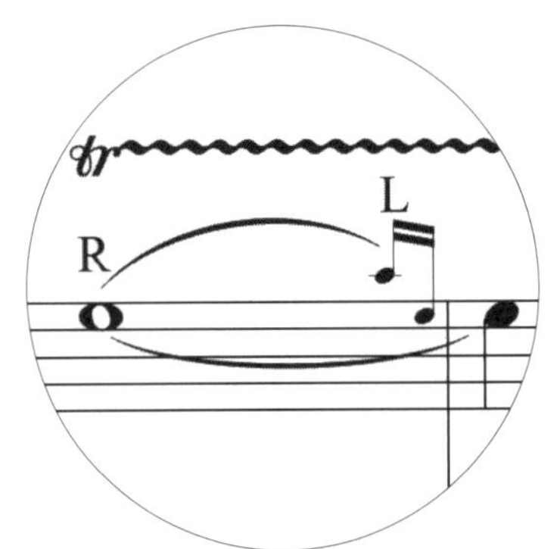

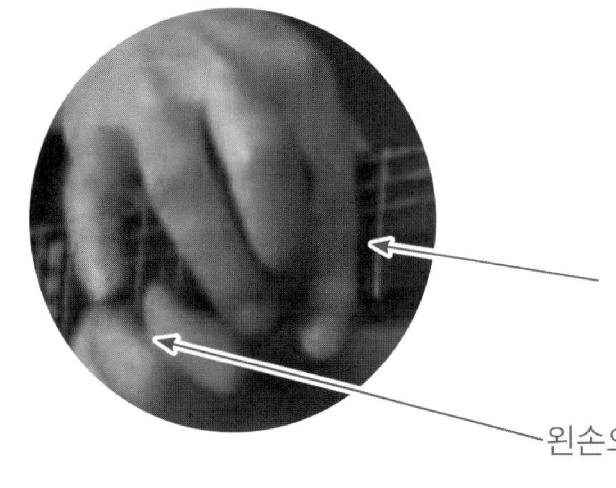

오른손으로 프렛 5를 누른다.

왼손으로 10프렛 트릴 연주

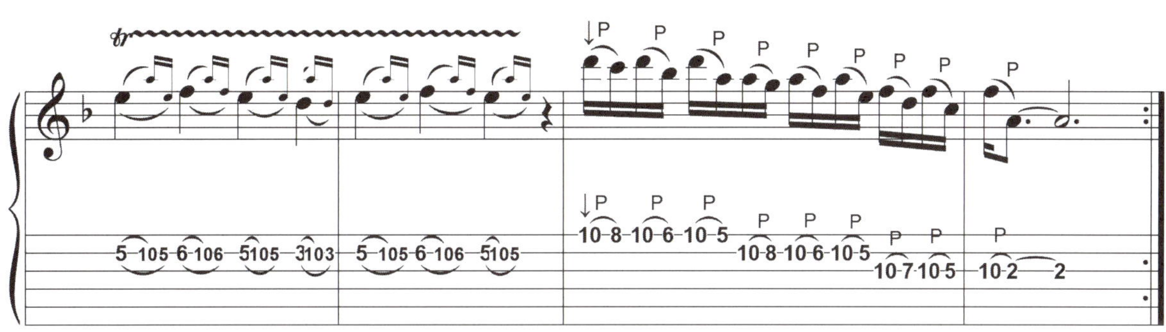

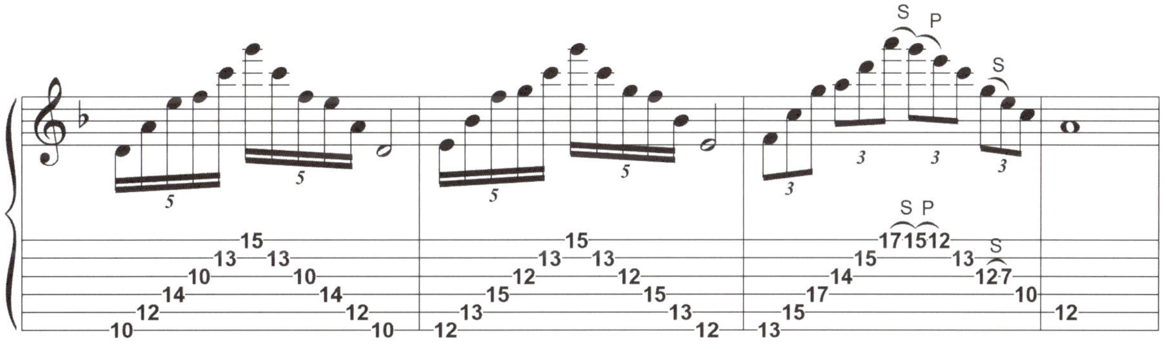

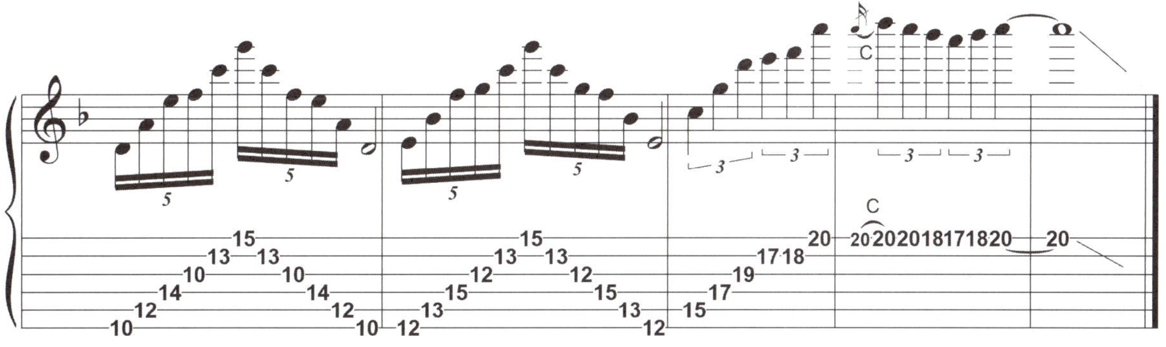

※ 오른손 연주 표기는 R.H 또는 R 문자 외에 ↓ 기호를 사용하기도 한다.

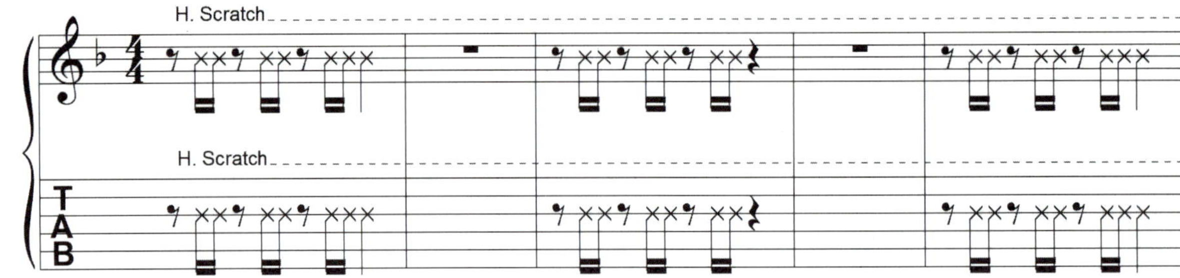

H. Scratch
H. Scratch
TAB

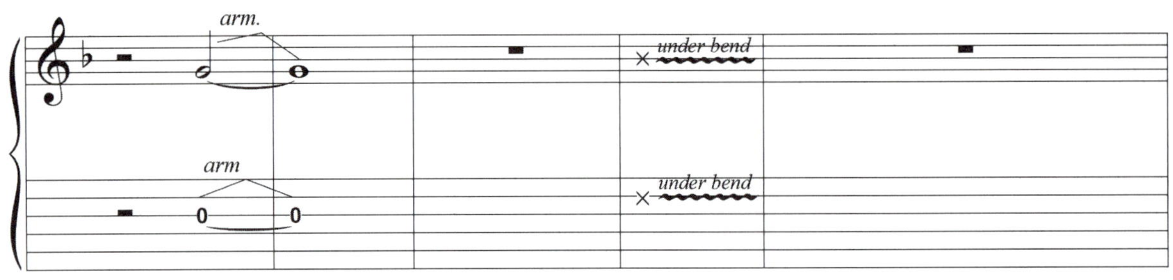

arm.
under bend
arm
under bend

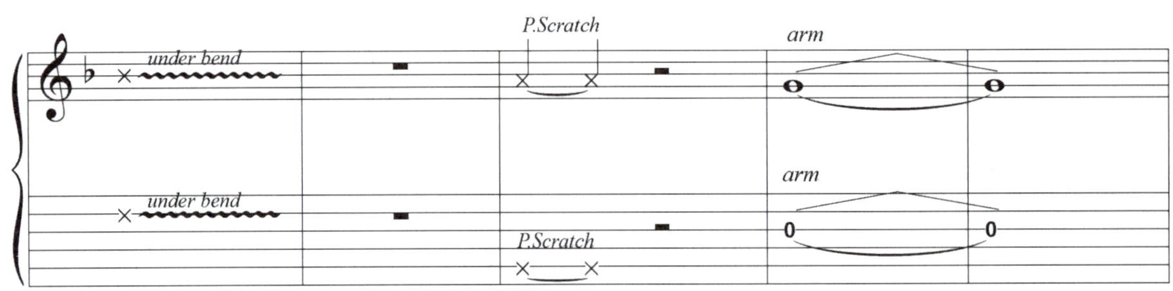

P.Scratch
arm
under bend
under bend
arm
P.Scratch

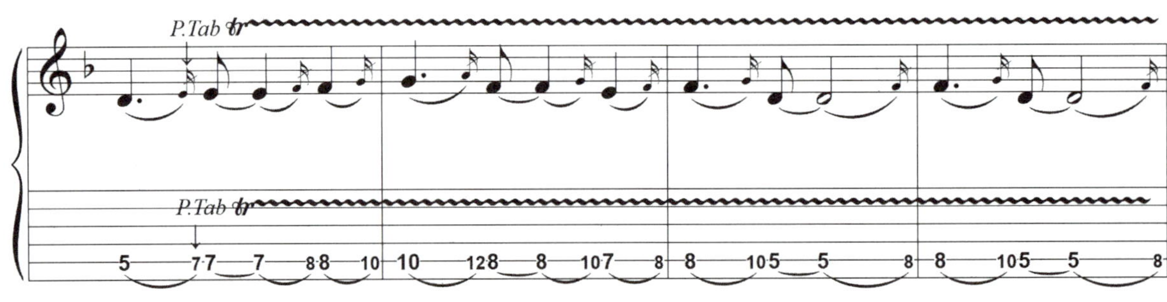

P.Tab
P.Tab

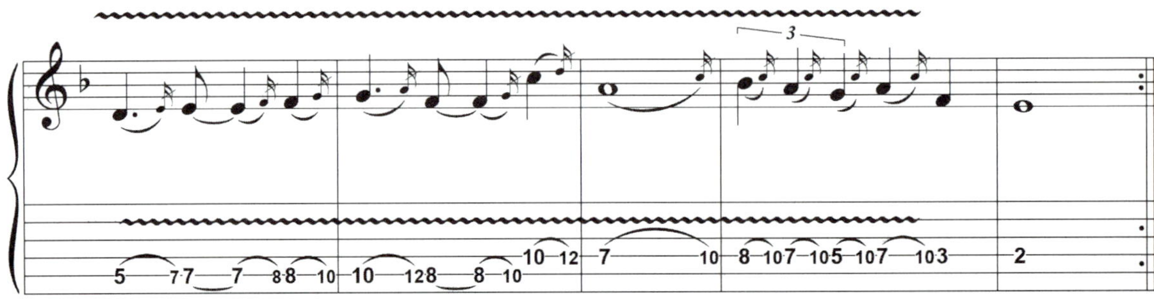

3

▶ 모드 - 하루 아침에 익힐 수 없다!

C 메이저 스케일의 2음부터 시작하면 도리언 스케일, 3음부터 시작하면 프리지언 스케일... 등으로 7가지 모드 스케일이 만들어진다. 하지만, 이 때문에 모두 같은 스케일이라는 오해가 발생한다. 실제로 그렇게 교육하는 강사들도 많고, "10분이면 익힌다", "실전에서는 필요 없는 이론이다" 라는 어처구니없는 결론을 내리는 경우도 있다. 미안하지만, 메이저 스케일에 익숙해지는데 걸렸던 시간의 2배는 필요하며, 작·편곡 및 연주 범위를 확장하는 데 반드시 필요한 이론이다.

음대생들이 바보라서 몇 년씩 공부하는 것이 아니라는 사실을 명심하기 바란다. 스케일은 음의 간격을 의미하는 말이다. 본서를 포함한 모든 이론서들이 모드 스케일을 C 메이저 스케일을 기준으로 설명하는 것은 원리와 음의 간격을 기억하기 쉽기 때문일 뿐, 절대 같은 스케일이 아니다. 메이저 스케일과 네추럴 마이너 스케일도 이론적으로 분석하면 같은 노트를 사용하지만, 같은 스케일로 취급하지 않는다. 이유는 음의 간격이 다르고, 곡의 분위기도 완전히 다르기 때문이다.

모드 스케일도 마찬가지이다. 노트는 메이저 스케일과 같지만, 저마다 음의 간격이 다르고, 이를 사용한 곡의 분위기도 다르다. 즉, 모드 스케일을 메이저 스케일과 비교하는 것은 학습을 위한 것일 뿐, 실제로는 개별적으로 의식해야 한다. 물론, 메이저에서 마이너 스케일이나 블루 스케일 등을 쓰듯, 모드 스케일도 메이저나 마이너 곡에서 사용할 수 있다. 단, 각 모드의 3음이 장 3화음으로 만들어지는 아이오니언, 리디언, 믹소리디언의 3가지는 메이저 스케일에서 사용할 수 있고, 3음이 단 3화음으로 만들어지는 도리언, 프리지언, 에올리언, 로크리언의 4가지는 마이너 스케일에서 사용할 수 있다고 구분한다.

다음은 모드를 메이저와 마이너로 구분한 것이다. 실전에서는 구분 없이 사용하지만, 약간의 제약이 있으며, 더 깊은 내용은 본서 학습 범위를 벗어나므로 생략한다. 자세한 사항은 〈특허 화성학〉 서적을 참조하며, 일단은 각각의 스케일을 개별적으로 인식할 수 있도록 꾸준히 연습하기 바란다.

▶ 메이저 계열												
메이저 스케일	도		레		미	파		솔		라		시
아이오니언 스케일	도		레		미	파		솔		라		시
리디언 스케일	도		레		미		파#	솔		라		시
믹소리디언 스케일	도		레		미	파		솔		라	시b	
▶ 마이너 계열												
네츄럴 마이너 스케일	도		레	미b		파		솔	라b		시b	
하모닉 마이너 스케일	도		레	미b		파		솔	라b			시
멜로딕 마이너 스케일	도		레	미b		파		솔		라		시
도리언 스케일	도		레	미b		파		솔		라	시b	
프리지언 스케일	도	레b		미b		파		솔	라b		시b	
에올리언 스케일	도		레	미b		파		솔	라b		시b	
로크리언 스케일	도	레b		미b		파	솔b		라b		시b	

 최이진 실용음악학원(02-887-8883)

학원 선택?

누구에게 배울 수 있는지가 가장 중요합니다!

국내 최고의 교육 전문가 최이진에게 트레이닝 받을 수 있는 곳!
EJ Entertainment 전속으로 졸업생 모두 음악 활동이 가능한 곳!

◑ 수강 과목 (입시/취미/연습반)

보컬	입시반과 연습반으로 운영되고 있으며, 연습반의 경우에는 EJ Entertainment 전속으로 음원 및 방송 활동을 할 수 있는 기회를 제공합니다.
작/편곡	전 세계 유일의 특허 받는 화성학 이론으로 그 어떤 교육기관에서도 만나 보지 못한 수업을 접할 수 있습니다.
재즈피아노	수 많은 피아노 석사와 프로 연주자를 배출한 교육 시스템. 초, 중, 고급 개인차를 고려한 일대일 수업 방식으로 누구나 프로 연주자가 될 수 있습니다.
미디/믹싱	국내 대부분의 실용음대에서 표준 교재로 사용되고 있는 저자의 일대일 수업. 큐베이스 및 로직의 실무 작업 테크닉을 전수받을 수 있습니다.
디제잉	현장 경험과 다양한 교육으로 축적된 노하우로 초급자부터 화려한 테크닉을 숙련시키고 싶은 프로까지 개인별 목적에 맞추어 올바른 DJing 길로 안내합니다.
기타/베이스	포크, 클래식, 재즈, 일렉 스타일별 맞춤 교육. 십 년 이상의 공연과 수 많은 앨범 세션 경험을 바탕으로 한 실무 테크닉을 배울 수 있습니다.

◑ 위치 : 2호선 서울대입구역 8번 출구

EJ 녹음 스튜디오 (트로트 음원, 오디오 북)

작곡, 편곡, 녹음, 믹싱, 마스터링 - 분야별 의뢰 가능!

B급 비용으로 A급 사운드의 음원을 제작할 수 있게 도와드립니다.

- 개인 음원 - 편곡, 녹음, 믹싱, 마스터링, 음원 제작 및 유통
- 뮤지컬 및 연극 - 작/편곡, 단원 트레이닝 및 연습, 녹음, 음반 제작
- 오디오 북 - 성우 녹음, 음악 및 효과 제작
- 게임 음악, 오케스트라 녹음, 트로트 음원 제작, 행사 음악, 교회 음악, 등...

※ 모든 과정마다 의뢰인과의 충분한 상담을 거쳐 후회 없는 결과물을 만들어 드립니다.